FAO中文出版计划项目丛书

粮食体系风险：新趋势与新挑战

联合国粮食及农业组织　编著

宋雨星　郭利磊　梁晶晶　等　译

中国农业出版社

联合国粮食及农业组织

2021·北京

引用格式要求：

粮农组织和中国农业出版社。2021年。《粮食体系风险：新趋势与新挑战》。中国北京。

05-CPP2020

本出版物原版为英文，即 *Food systems at risk : New trends and challenges*，由联合国粮食及农业组织于2019年出版。此中文翻译由农业农村部国际交流服务中心安排并对翻译的准确性及质量负全部责任。如有出入，应以英文原版为准。

ISBN 978-92-5-134684-6（粮农组织）
ISBN 978-7-109-28225-4（中国农业出版社）

FAO中文出版计划项目丛书

指 导 委 员 会

主　任　隋鹏飞

副主任　谢建民　倪洪兴　韦正林　彭廷军　童玉娥　蔺惠芳

委　员　徐　明　徐玉波　朱宝颖　傅永东

序

我们生活在前所未有的时代。过去观察到的积极变化正在发生倒退，越来越多的人受到新风险和新趋势的共同影响，这些新风险和新趋势包括气候变化、冲突、资源（水）匮乏、不平等、粮食危机、营养不良和肥胖、环境恶化，它们严重影响了生活在边缘和农村地区的居民以及贫穷的城镇居民，越来越多的新闻也印证了这一点。

世界饥饿问题在经历了几十年的稳步改善后，在2015年改善趋势遭到逆转，在过去三年几乎没有变化，饥饿发生率仅略低于11%的水平。与此同时，遭受饥饿的人数在缓慢增加。因此，到2018年，全球仍有超过8.2亿人处于饥饿状态，这凸显了到2030年实现零饥饿目标的巨大挑战。

当前，有超过1.1亿人正遭受粮食危机。如果这种趋势无法逆转，情况只会变得更糟。为什么会这样？

造成这些趋势的因素有很多，可以分为以下三类：

——社会经济因素：人口结构变化、城镇化、日益加剧的不平等、获得资源的机会不平等、不健康的饮食习惯、贫困。

——环境因素：气候变化、土壤退化、自然资源过度开发、缺水，环境达到承载极限。

——和平与安全：武装冲突、缺乏有效治理和依法治理。

为加深对这些变化趋势潜在动因的理解共识，欧盟和联合国粮食及农业组织（简称"粮农组织"）联合举办了"危机时期的粮食与农业：共同合作形成长期解决方案"高级别活动（2019年4月1日至2日），此次活动是代表全球协作网络的名义组织起来的。

为了本次活动，法国农业国际合作研究发展中心准备了一本包含关键情况的手册①，并补充了一份关于粮食和营养安全关键驱动因素和趋势、系统组

---

① Bendjebbar P., Bricas N. and Giordano T., 2019.粮食体系风险. 粮食危机全球协作网络高级别活动的科学讲义：危机时的粮食和农业，布鲁塞尔，2019年4月2-3日，蒙彼利埃，法国农业国际合作研究发展中心48页。（https://www.cirad.fr/media/documents/actualites-doc/food-systems-at-risk-a-scientific-handout-cirad-2019）.

成、相互作用和关键问题的科学报告。应欧洲委员会的要求，法国农业国际合作研究发展中心通过粮农组织Agrintel项目，还开发了当前粮食体系趋势的分析框架，并对其所面临的风险以及未来可能导致粮食危机（或更糟）的风险进行评估。

此次活动对国际组织和民间社会来说是一次战略机遇，可借此机会开始应对粮食危机造成的关键挑战，并解决约8亿人面临饥饿遭遇的根本性不公平问题，因此本报告盘点了粮食体系当前和未来的风险及挑战。下一步，粮农组织和法国农业国际合作研究发展中心计划开发一套方法和工具，实现对地方、国家、次区域或区域层面粮食体系的诊断，确定和形成变革性的干预措施，改善饥饿人群福利，提升环境的可持续性。

有了解决方案，高效合作的新方式成为可能。

粮食危机必将不复存在。

前 言

　　本书源于欧洲委员会国际合作与发展司(DG DEVCO)提出的一系列问题，并作为对全球应对粮食危机协作网络高级别活动的重要内容。这次活动于2019年4月2—3日在布鲁塞尔举行，主题是"危机时期的粮食与农业"，活动提出了未来几十年粮食危机是否或多或少会发生，特别是在低收入和中低收入国家。联合国粮食及农业组织通过Agrintel项目，委托法国农业国际合作研究发展中心，完成可能影响粮食危机发生的主要驱动因素及其发展趋势的分析框架。针对此项活动制作了一本包括关键情况的手册①，在本报告进行了完整的叙述。

　　在本报告中，我们聚焦于如果不采取行动会出现什么问题。尽管我们中许多人都提出一些建议，在我们的职业生涯中寻求更可持续的粮食体系，但这不在此报告的范畴。实际上，我们尝试汇集对目前趋势的最新的科学评估，对这种趋势继续下去，人类将面临的危机进行评估，重点关注低收入和中低收入国家粮食体系。

　　不同领域的专家用简短的章节总结他们整理的最新信息。强有力的科学证据已经证实了很多粮食体系驱动因素及其各种趋势。例如，粮食生产、运输和销售的不同形式都能够深度影响气候，这一观点已经被广泛接受。众所周知，由于世界各地作为动物饲料的大豆国际市场的增长，人们饮食习惯的变化而更多地消费动物产品，正在助长亚马孙地区的森林砍伐。毫无疑问，现有的粮食体系与肥胖症和非传染性疾病的流行有关，这两种疾病造成的死亡人数超过心血管疾病。

　　然而，我们常常很难准确描述过去（未来更是如此）的变化幅度。另外，由于许多作用机制和追溯机制密切相关而难以评估这些变化，而且很难了解每

---

① Bendjebbar P., Bricas N. and Giordano T., 2019.粮食体系风险. 粮食危机全球协作网络高级别活动的科学讲义：危机时的粮食和农业，布鲁塞尔，2019年4月2-3日，蒙彼利埃，法国农业国际合作研究发展中心48页。（https://www.cirad.f/media/documents/actualites-doc/food-systems-at-risk-a-scientific-handout-cirad-2019）.

个驱动因素如何对某个特定变量、粮食体系的输入或输出（如产量、污染、粮食安全、饮食等）产生影响。

此外，我们正在努力研究不确定性，许多问题（或者我们积极地称之为机遇）之前并不存在。即使可以追溯，分析系统动态细节，可能也并不是很有用，因为大多数粮食体系的驱动因素（经济、环境和人口结构）的动态变化太快，未来几年就可能跟过去大不相同。

再者，粮食体系中不同因素之间的联系从未如此明显。每天都有关于这些难以预测的叠加风险的科学证明被发表。最近发表在《柳叶刀》的一篇文章甚至建议为流行病协同作用或"综合征（syndemics）"创造新的框架。作者[①]根据这一独特的概念，将肥胖、营养不良和气候变化这三种全球流行病都包括在内，因为它们具有共同的潜在社会驱动因素。

因此，对过去的不同看法，甚至对未来可能的不同看法，都是共存的。在许多方面，我们必须承认我们的信息是有限的，并且承认我们对不同的机制（生物物理的、社会的或经济的）的认识是非常片面的，这些机制是子系统运作及其相互作用的基础。这就是为什么该报告的作者评估了证据和科学争议，并提供了他们自己的观点。因为系统的复杂性，也给章节划分带来困难。有些内容多次提及而另一些却很少出现（比如，报告中没有关于粮食损失和浪费问题、治理问题、冲突和人口迁移的具体章节），但我们尽量在其他章节中包括了最重要的问题。

第一部分展示了粮食体系构成的框架，包括它的驱动因素和产出，以及主要驱动因素在过去几十年如何变化和对未来年份变化的预测。粮食体系的建模和展示有个多种途径，我们的选择是基于自己的经验和国际组织最新的科学文献和研究成果。我们作出选择的另一个原因，是以后需要在地方层面评估粮食体系，许多政治决策将要在那里制定和执行。

第二部分讨论粮食体系和气候变化之间的相互作用。既涉及现有粮食体系对气候变化的贡献（粮食体系的碳足迹、畜牧生产增加和森林砍伐加剧的特殊贡献），也涉及气候变化对粮食体系的一个特定影响，其中一章专门讨论出现的新型病虫害。

第三部分讨论当前粮食体系带来的环境影响：自然资源过度开发，不可逆的生物多样性丧失，水、空气和土壤污染，也对环境因素的衰退对粮食体系可能产生的影响进行了评估。

第四部分关注粮食体系的社会和经济因素。回顾了当前趋势对提供就业

---

① Swinburn, B.A., Kraak, V.I., Allender, S., Atkins, V.J., Baker, P.I., Bogard, J.R., Brinsden, H.,等. 2019. 全球肥胖、营养不良和气候变化的综合体：柳叶刀委员会的报告. 柳叶刀, 393(10173): 791–846 [online]. https://doi.org/10.1016/S0140-6736(18)32822-8.

机会的影响，对将小规模参与者、妇女、少数族裔和地区因素纳入粮食体系的影响，以及现代数字技术的影响。结果表明，尽管粮食体系可以作为许多低收入和中低收入国家繁荣和稳定的主要基石，但目前的趋势正在威胁各国实现这一潜力的能力。粮食体系的参与者之间存在不平等，包括妇女和少数族裔及不同地区间；将劳动密集型粮食体系作为优先选择存在许多困难；另外，将从数字技术中获利的许多利益相关者排除在外面临很高的风险，因为这可能导致国内冲突和粮食危机。

第五部分涉及食品和营养安全，由其他两项粮食体系产出（环境、社会和经济）决定的结果。首先研究了粮食生产满足总体需求的难题，然后用两个章节讨论了国际粮食产品市场及其价格的不稳定性，最后两节论述了改变饮食对健康的负面影响和可能导致安全风险的增加。

致　谢

本报告由法国农业国际合作研究发展中心（简称中心）协调准备，与粮农组织和欧洲委员会国际合作与发展司（DG DEVCO）联合编写。这项工作得益于DG DEVCO通过粮农组织的Agrintel项目提供的基金。法国农业国际合作研究发展中心的Sandrine Dury、Pauline Bendjebbar、Etienne Hainzelin、Thierry Giordano和Nicolas Bricas为协调完成这份报告，动员了中心的48名专家撰写有关章节（参见主要撰稿人名单）。

感谢我们的同事，他们帮助完成了报告，并在各个部门的协调上提供了很大额外的帮助，他们是Hélène David-Benz、Céline Dutilly和Alexandre Hobeika。

感谢Patrick Herlant、Philippe Thomas和Pierre Fabre（DG DEVCO）向我们提供了他们的观点。

感谢粮农组织帮助提供了他们的综述、评论和贡献，这让我们的工作更加出彩。具体要感谢Ekaterina Krivonos（DPIC）、Pierre Bouillon（FOA）、Carlo Bravi（DPID）、Olga Buto（CBC）、Ana Paula De La O Campos（SP3）、Marlos de Souza（CBL）、Craig Fedchock（AGDD）、Ileana Grandelis（ESP）、Flavia Grassi（ESP）、Cindy Holleman（ESA）、Muratbek Koshoev（CBC）、Szilvia Lehel（ESP）、Markus Lipp（AGFF）、Jacopo Monzini（DPIC）、David Neven（SP4）、Zitouni Oulddada（CBC）、Adam Prakash（EST）、Cristina Rapone（ESP）、Alejandra Safa（ESP）、Boris Sterk（DPIC）、Libor Stloukal（ESP）、Florence Tartanac（ESN）、Leopoldo Tornarolli（ESA）、Feras Ziadat（CBL）and Andrea Zimmermann（EST）。

感谢欧洲委员会的联合研究中心对该报告的审核，包括：Estefania Custodio（JRC-Vienna）、Pedro Andres Garzon Delvaux（JRC-Sevilla）、Sergio Gomez y Paloma（JRC-Sevilla）、Kamel Louhichi（JRC-Sevilla）、Fabio Micale（JRC-Sevilla）、Thierry Negre（JRC-Vienna）、Aymeric Ricome（JRC-Sevilla）、Joysee Rodriguez Baide（JRC-Vienna）、Jose Manuel Rodriguez Llanes（JRC-Vienna）、Martina Sartori（JRC-Sevilla）、Gloria Solano Hermossilla（JRC-Sevilla）and Pascal Tillie（JRC-Vienna）。

目 录

1. 概念框架

1.1 分析的范围：粮食体系

Nicolas Bricas[①]

概要

本节描述了报告中使用的整体框架。粮食体系不单产出了食物，还有环境和经济社会方面的产出。

食物不只意味着满足营养需求那么简单

食物在所有社会中都是必不可少的。采集、狩猎、捕鱼和农业生产一直是农村人口的主要生计活动。随着工作的多样化和城市化，这些活动也成为重要的收入来源，与此同时，食品加工和营销也发展起来，为城市提供食物。虽然这些最基本的功能并不局限于满足生物需求，但通过分享，食物成为首要的社会互动方式。在食物分享中，烹饪和美食成为带给人愉悦的富有创造性和艺术感的行为方式。食物是建立和展示一个人身份的基本方式。穿过人的身体给了食物一种象征性地位（Fischler，1998）。最终，食物也是连接人类和环境的纽带。为了生产食物，人类改变地形，并与植物、动物和微生物形成互动。虽然食物功能的分级取决于所涉及的社会，但所有人，包括没有食物保障的人，都关心食物的来源及其感官和内在的品质。这意味着，食物不仅与营养和健康有关，而且与健康幸福以及人类共同生活和与环境相互作用的方式有关。

粮食体系途径：一种考虑从生产到消费及其产出的所有相关活动的方式

自人类诞生以来，粮食体系发生了深刻的变化。从家庭内部组织的主要活动，包括食品生产、加工和消费，甚至烹饪，都已成为商业化和专门化的行为。收获后的处理措施能够使产品稳定，以便于存储、长途运输、提取有用部分、通过联合服务充分发挥它们的作用、改善它们的营养及感官或卫生品质，让它们尽可能接近消费者，尤其是在远离生产区域的时候。社会发展的方式体现在食品文化的表现，烹饪方式更是如此。在农村地区，收获后的粮食处理方式随着城镇化和市场经济的发展变得更为重要。今天，所有上述方式给农村和城镇地区都带来了更多附加值、工作岗位和收入。食品行业是当前世界提供最多就业的经济板块，超过20亿人在该行业工作。2016年，在低收

---

① 法国农业国际合作研究发展中心，联合研究部门-蒙彼利埃跨学科可持续农业食品体系中心（简称UMR MOISA），蒙彼利埃F-34398，法国；蒙彼利埃大学，蒙彼利埃F-34090，法国。

入和中低收入国家，农业分别提供了68%和39%的就业岗位（国际劳工组织数据，2019）。在这些国家，食品加工、餐饮、运输和分配在服务和工业领域提供着越来越多的就业岗位。例如，在非洲东部和南部的国家，农业占食品行业就业的91%，而在巴西，农业占49%、食品服务占26%、食品加工占25%（Townsend等，2017）。

收获后粮食的加工和销售行为在提供就业和收入上的重要性不断增加，它们在为非农人口提供食物、营养健康、能源和资源消耗、损耗和浪费、生物多样性和环境污染等方面的作用使得研究范围超越农业生产，扩大到整个粮食体系。

提到粮食体系，我们首先想到的是市场和非市场链条上的活动和参与者，包括粮食生产、收购、运输和储存、加工和餐饮、供应、预处理和消费、浪费和资源管理，以及农业投入品供应（种子、肥料和包装等）和相关的监督管理机构和行为（Pothukuchi 和 Kaufman，2000；粮农组织，2018a）（图1）。同时，这些活动和参与者在食物循环中相互联系，在特定农业和食品以外的活动或参与者的相互作用下，这些参与者可以被视作子系统（Pothukuchi 和 Kaufman，2000）。每个子系统都以自己的方式发展，一些子系统工业化程度更高，总体的驱动因素可能对某些子系统有影响，但对其他子系统的影响较小。

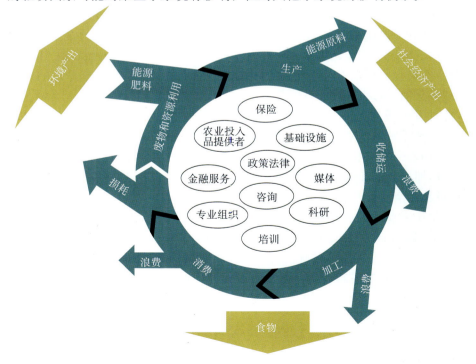

图1　粮食体系和产出

资料来源：作者。

使用系统方法虽然非常复杂，但这样我们才能考虑不同活动、角色和机构之间的相互作用、影响和反馈。每一个子系统都包括这样的角色，他们不单单为了食物。粮食体系不包括所有的农业活动，某些产物是更广范的生物经济的一部分：农业不仅生产粮食，而且生产能源（木柴和木炭、役畜和油）、材料（木材、稻草、木制品、乳胶、纤维和皮革）。肥料可以通过生物质（秸秆、树叶和动物粪便）或化学品和采矿（化学氮肥、磷肥和钾肥）来提供。运输、能源和消费不仅适用于食物，这些子系统的变化都会对粮食体系产生影响。

粮食体系的丰富多样性

作为众多的农作物、复杂转化过程、烹饪和饮食文化、人口水平、技术等因素的结合，粮食体系的多样性令人难以相信。这种多样性是人类从古至今通过创新实现的，目的是充分利用当地所拥有的资源和产品，更好地应对当地的限制条件。它们也在不断地发展、开放地吸收外来的产品或经验。为了扩展粮食体系的概念，我们可以说这种多样性也塑造了人体内的微生物群。在粮食体系中，没有什么是一成不变的：在创新的环境中，有强大的动力在起作用，推动不同的生产、加工、分销、消费和废物管理模式的不断融合。

一种基于专业化、机械化和大量使用不可再生能源（煤和石油）、化肥（化学制氮和矿产磷酸盐）和化学溶剂（农药）而非生物质循环的农业发展方式，被广泛应用于工业化国家，并在发展中国家得到推广（Daviron 和 Allaire，2019）。在粮食收获后的环节中，大规模加工和生产、商品化、全球化的贸易和大规模分销（超市）已经发展起来。

这种发展模式见证了生产效率的空前提高，并转化为粮食供应的大幅增加和更便捷地获取（通过经济增长和较低的粮食价格）。然而，这种"工业化农业"导致环境破坏（污染、资源枯竭、生物多样性破坏和气候变化）和社会成本增加（获得健康饮食、创收和可持续生计方面的不平等以及非传染性疾病），对其在全球推广的可取性提出了质疑。

几位作者意识到这些影响，因此开始关注粮食体系活动的产出（Ingram，2011；van Berkum，Dengerink 和 Ruben，2018）。粮食体系不仅仅提供食物，也创造就业、收入、基础设施、技能（社会经济产出）和生态服务（环境产出）（图1）。这意味着粮食体系不仅可以在食物和营养安全方面，还能对包容性发展和创造应对气候变化的有利环境做出重大贡献。

粮食体系对包容性发展具有战略意义

因为 Amartya Sen 做出的贡献，一直以来粮食安全不再被认为只是生产足够多粮食的问题，也包括享有生产或购买方式的问题（Sen，1982）。由于目前地球生产了远远超过营养需求的食物，这个问题变得更加重要。单是粮食充足并不能保证粮食安全。我们今天看到的粮食安全背后的一个主要驱动因素是缺乏获得粮食的途径、缺少生产能够满足所有需求粮食的能力，或是缺少实际获得粮食的途径，或是没有能够赊购粮食的资源或资金。因此，虽然粮食体系在通过其所代表的就业和收入来源在粮食安全方面具有战略性意义，但这一发展方式对社会包容性有很大影响。随着收获后活动的商品化，男女之间的权力关系和收入分配正或多或少地发生着公平的变化（Enete，Nweke 和 Tollens，2004；Harriss-White，2005）。获得土地和生产资料的条件也是粮食获得不平等的一个重要决定因素。

在工业化进程中，资本密集型企业和劳动密集型企业之间的选择，决定了创造就业的速度。对不同角色之间、价值链内或大小公司之间竞争的管制及适用产品标准的条件，组织获得培训、咨询和信贷等的机会，所有这些都影响到收入的不平等，甚至造成某些活动的集成化或边缘化。在相关研究和知识产权政策中考虑（或不考虑）传统和本土食品知识的方式，可能威胁到食品多样性和食品文化。在缺乏监管的情况下，随着超市和电子商务的发展，食品分销形式的现代化可能会导致贫困人口获得优质食品的机会被边缘化。

因此，在粮食活动占大部分就业和收入来源的国家，粮食体系的发展方式对促进更具包容性的发展至关重要。

粮食体系对于建立一个可行的环境和应对气候变化具有战略意义

人们管理粮食体系的方式深刻影响了环境的形成：砍伐森林或将森林纳入农业生产体系、生产是否专业化、如何利用可再生能源或化石能源、封闭或开放的营养循环、动物是否被用作食物等，这些因素塑造了生产地形，改变了生物多样性。一些发展模式能够显著影响环境，甚至威胁生态平衡。粮食体系造成的污染或对气候变化的贡献不只影响到使用这些生产方法的地方，还会影响全球。然而，我们所强调的负面环境影响揭示出其他生产方法也可以产生积极的影响，如通过回收尽可能多的生产材料、创造生物多样性和碳捕获（Frison 和可持续食物系统国际专家组，2016；Mason 和 Lang，2017）。因此，粮食体系在建设可持续的环境和应对气候变化方面可以做出重要的积极贡献。

粮食体系的三个目标

在 20 世纪，粮食体系的目标是增加粮食产量，可以说成果是非常惊人的，但是，同时带来了负面外部效应的沉重代价：社会不平等加剧和环境退化。这就解释了国际社会在 2015 年设定可持续发展目标（SDGs）的原因：粮食体系对这些目标的贡献远远超过了消除饥饿这一个目的。在 17 项可持续发展目标中，可以明确粮食体系的14项重要贡献（Caron等，2018；粮农组织，2017，2018b），这些贡献可以分成3组主要目标：（1）粮食安全和营养改善；（2）包容性发展；（3）建立可持续的环境和应对气候变化（图1和图2）。这三个目标相互关联，如果不与贫困作斗争，不减少环境退化的影响，就不能实现粮食和营养安全。

图2 粮食体系和可持续发展目标
资料来源：作者。

【参考文献】

Caron, **P**., **Ferrero y de Loma-Osorio**, **G**., **Nabarro**, **D**., **Hainzelin**, **E**., **Guillou**, **M**., **Andersen**, **I**., **Arnold**, **T**., *et al.* 2018. Food systems for sustainable development: proposals for a profound four-part transformation. Agronomy for Sustainable Development, 38: 41.

Daviron, B. & Allaire, G. 2019. Energy, biomass and hegemony: a long history of transformations of agricultures. In G. Allaire & B. Daviron, eds. Ecology, capitalism and the new agricultural economy: the second great transformation, pp. 113–141. Abingdon, UK, Routledge.

Enete, A.A., Nweke, F.I. & Tollens, E. 2004. Gender and cassava processing in Africa. Quarterly Journal of International Agriculture, 43(01): 57–69.

FAO. 2017. Food and agriculture: driving action across the 2030 Agenda for Sustainable Development. Rome. 40 pp.

FAO. 2018a. Sustainable food systems. Concept and framework. Rome. 8 pp.

FAO. 2018b. Transforming food and agriculture to achieve the SDGs: 20 interconnected actions to guide decision-makers. Rome. 72 pp.

Fischler, C. 1998. Food, self and identity. Social Science Information, 27(2): 275–92.

Harriss-White, B. 2005. Commercialisation, commodification and gender relations in post-harvest systems for rice in South Asia. Economic and Political Weekly, 40(25): 2530–2542.

ILOSTAT, 2019. Employment by sector. January 2019.

Ingram, J.S.I. 2011. A food systems approach to researching food security and its interactions with global environmental change. Food Security, 3: 417–431 [online]. https://doi.org/10.1007/s12571-011-0149-9.

Frison, E.A. & IPES-Food. 2016. From uniformity to diversity: a paradigm shift from industrial agriculture to diversified agroecological systems. Louvain-la-Neuve, Belgium, IPES.

Mason, P. & Lang, T. 2017. Sustainable diets: how ecological nutrition can transform consumption and the food system. London, UK, Routledge.

Pothukuchi, K. & Kaufman, J.L. 2000. The food system: a stranger to the planning field. Journal of the American Planning Association, 66(2), 113–124.

Sen, A.K. 1982. Poverty and famines: an essay on entitlement and deprivation. Oxford, UK, Clarendon Press.

Townsend, R., Benfica, R., Prasann, A. & Lee, M. 2017. Future of food. Shaping the food system to deliver jobs. Washington, DC, World Bank.

van Berkum, S., Dengerink, J. & Ruben, R. 2018. The food systems approach: sustainable solutions for a sufficient supply of healthy food. Economic Research Memorandum 2018-064. Wageningen, Wageningen University.

1.2　构成粮食体系的六大驱动因素

Pauline Bendjebbar[①]和 Nicolas Bricas[②]

概要

本节探讨可能影响未来粮食体系的不同驱动因素，它们的作用和对粮食体系的影响及其产出。

在不久的将来，许多不同的驱动因素将挑战粮食体系。到目前为止，许多报告都关注了世界各地粮食体系的未来趋势和挑战（Caron等，2018；Claquin等，2017；FAO，2017；粮食安全与营养高级别专家组，2017；Jahn等，2018；van Berkum，Dengerink和Ruben，2018；WRI，2018），而这些报告集中于低收入和中低收入国家食品体系的未来风险，这些国家可能是未来几年粮食体系最脆弱的国家。

基于对粮食体系的认识，作者们定义了不同的驱动因素类型（Caron等，2018；Claquin等，2017；粮农组织，2017；粮食安全与营养高级别专家组，2011）。一些作者考虑分为两类因素：社会经济因素和环境因素（van Berkum，Dengerink和Ruben，2018），另一些考虑分为五类因素：（1）生物物理和环境因素；（2）创新、技术和基础设施；（3）政治和经济因素；（4）社会文化因素；（5）人口因素（粮食安全与营养高级别专家组，2017）。我们将定义并描述这些因素如何影响粮食体系。

在风险研究中，我们将区分构成低收入和中低收入国家粮食体系的六大驱动因素：人口；生物物理和环境；创新、技术和基础设施；社会文化；经济；政治（图3）。之所以选择6个而不是5个，因为我们更倾向于将政治因素与经济因素分开，因为它们代表不同的动力因素。

生物物理和环境方面的因素

这些驱动因素包括可获得的自然资源、污染和气候。它们主要构成粮食体系的生产部分，因为粮食生产高度依赖自然资源（水、土地、生物多样性等）的可用性。

根据联合国的说法，**自然资源**是指"存在于自然中，可用于经济生产和消费的所有自然资产（原材料）。"这些元素包括土壤、土地、水、鱼类、生物

---

①②　法国农业国际合作研究发展中心，UMR MOISA，蒙彼利埃F-34398，法国；蒙彼利埃大学，蒙彼利埃F-34090，法国。

多样性（植物、动物、微生物等）、森林和自然界中的矿物。联合国的定义把它们分为四类：矿产和能源资源、土壤资源、水资源及生物资源。有些是以化石为基础的，可以认为是有限的或不可再生的（如磷酸盐矿）。它们是"可枯竭的自然资源，如矿产资源，开采后无法再生。"其他一些是可再生的，意味着这些自然资源"在开发后，可以通过自然增长或补充的过程恢复到以前的储量水平。"可再生能源中，联合国的定义将其分为两类：有条件的可再生资源，即"在开发达到一定水平后将不可能再生"的自然资源（如森林和鱼类）；完全可再生资源（如阳光）。这些资源的可用性和成本决定了粮食体系的构成和性质，因为许多资源是农业生产过程中的投入品（联合国，1997）。

气候指的是平均天气，或者更严格地说，是对几个月、几年、几千年甚至几百万年期间天气相关数值的平均值和变化特点的统计描述。政府间气候变化专门委员会（IPCC）将气候变化定义为一种气候状态的变化，可以通过平均值及其属性的可变性来识别（例如通过统计检验）……通常是几十年或更长时间的变化（政府间气候变化专门委员会，2018）。我们选择使用联合国定义的气候变化，是"由于人类活动直接或间接地改变全球大气的成分引起的变化，并且在可比的时间周期内增加了可观测到的自然天气变化"（联合国，1992），它影响粮食质量和供应。气候变化还影响到粮食生产的地理分布以及动植物疾病。这会影响农业产出，因为它将减少可用于生产的资源并不断对其造成压力。这意味它可能会降低农作物产量、森林和动物的生产力（粮农组织，2017）。

人口因素

这些因素包括人口增长、城镇化、移民和人口迁移。它们不仅对粮食需求量有重大影响，对所消费粮食的质量和种类以及粮食环境也有重大影响。

人口增长是指世界上人口数量的增加。这将对未来的粮食需求产生影响（粮农组织，2017）。

城镇化是指人口集中在城市以及由此引发的生活方式：减少用于自我消费的农业生产；主要通过市场获取食物以及高密度的人口。城镇化是塑造消费者行为和食品环境的一个重要驱动力。城镇化导致饮食种类（更多的加工食品、动物产品和多样性）和饮食习惯（更多的购买和户外消费）的改变。城镇化还会对消费者的食品环境以及食品供应组织产生影响（粮农组织，2017）。

流离失所和移民也将影响粮食体系。流离失所可以定义为：一个人被外力逼迫或不得不逃离家乡或惯常居所，从而可以避免武装冲突的影响以及普遍暴力、侵犯人权或自然和人为造成的灾害，但并未穿过国际公认的国界线（根据境内流离失所的指导原则）（联合国难民署，2019）。造成流离失所的原因有很多，如武装冲突、自然灾害、饥荒以及发展和经济方面的变化。流离失所可

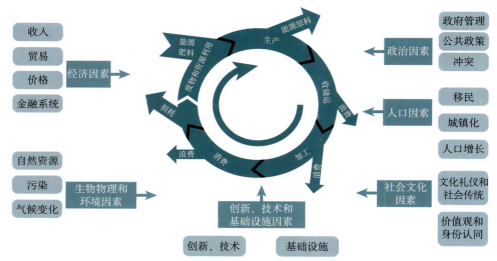

图3　粮食体系各部分影响因素模型
资料来源：作者。

以发生在一个国家内部，也可以发生在国家之间。

移民被国际移民组织（IOM）定义为一个或一群人跨越国际边界或在一个国家内的移动。它是一种人口流动，包括任何形式的人口流动，不论其时间长度、构成和原因；它包括难民、流离失所者、经济移民和为其他目的包括家庭团聚的人的流动。（粮农组织，2019）。

创新、技术和基础设施因素

创新、技术和基础设施是粮食体系的主要驱动因素。他们影响供给（例如通过提高系统生产力）和需求（van Berkum，Dengerink和Ruben，2018），可以使粮食体系发生重大变化。

创新、技术包括一系列或多或少复杂的"工具"，影响到农业生产和收获后的活动以及劳动力和土地的生产率。它们还包括管理和组织生产、加工和营销的新方式和废弃物处理，涵盖食品链和粮食体系的全部环节（粮食安全与营养高级别专家组，2017）。

基础设施作为粮食体系的驱动因素，指的是交通、水和能源供应，因为它们使投入品的获取更加便利并为农产品提供了出路。基础设施还包括市场、仓库、港口、屠宰场和通信网络（移动电话和互联网）。基础设施的性质为一些特定的食品体系提供了不同的机会来扩展他们的业务，例如冷却设备（冷库和冷冻箱等），提供了最低限度加工的新鲜产品（鱼、蔬菜和肉类）的长期保存（粮食安全与营养高级别专家组，2017）。

经 济 因 素

经济因素包括不同的部分，如收入、全球化和贸易、价格和金融体系。这些驱动因素影响到食品体系从生产到需求的各个方面。它们提供了让供应能够满足需求的机会，或者相反，它们可能通过价格危机等破坏系统。

收入对饮食结构影响较大。当收入增加时，更贵的食品如动物产品和加工食品的消费就会增加。收入也包括农民和粮食生产者的收入，这影响了他们为提高生产力而进行投资的能力。许多技术可以广泛获得，但由于大部分农村人口的贫穷而没有大范围传播。最后，收入也与国家经济情况有关，在这种情况下，它决定了政府对农业部门的投资、执行政策和调控能力。

贸易和全球化是指在地方、区域和国际范围内的农产品和食品的交换。交易不仅发生在实体市场，也可以通过虚拟市场进行，比如期货市场。贸易对粮食和营养安全有影响，因为它影响到不同的关键变量，如粮食生产价格、就业和政府收入。长期而言，它还会影响私人和公共投资（粮农组织，2016）。由于产品的标准化和等级的定义，国际贸易得以强劲增长，这使得人们可以在看不到产品的情况下交换商品。这种商品化主要存在于国际市场上交换的产品。全球化塑造了食品环境，尤其是通过标准化工业食品的发展和通过公司在全球范围内的超市规模扩张（Claquin 等，2017；粮食安全与营养高级别专家组，2017）。

价格指投入品的价格，如能源和化肥，其对粮食体系的发展方式有很大的影响。粮食价格水平及其波动也影响粮食体系的不同部分，不仅决定收入和劳动力成本，而且决定消费和投资决定。

金融系统是指粮食体系涉及并与非粮食市场相联系的资金交换。这意味着，金融体系中的危机会对农产品和粮食产品的价格和投资产生影响。

社 会 文 化 因 素

这些因素是指文化、宗教和仪式、社会传统、教育和卫生以及价值观和身份认同。它们主要通过影响生活方式、社会规范、态度和根植于食物中的文化来影响饮食和食物环境。

文化、宗教和仪式、社会传统：食物是一种建立和提升个人身份的手段，是一种表达个人对社会的归属感的手段。所有的社会都是由他们的饮食和饮食方式定义的，就像语言一样。社会规范、价值观和做法随着社会之间的影响越来越大而演变。

价值观和身份认同：这些文化适应过程对粮食体系的组织有很大的影响。它们不仅影响消费者的需求，还影响商业运作的方式以及与生产或加工过程相关的价值（粮食安全与营养高级别专家组，2017）。

食物是"个人身份的核心，因为任何特定的人都是由他选择的食物通过生理的、心理的和社会的结构组成"（Fischler，1988）。

教育和医疗也是粮食体系的驱动因素（粮农组织，2017）。教育是指一个人通过学校或培训完成的教育计划的水平。教育对粮食体系有很大的影响，特别是对寻求获取产品信息的消费者。此外，教育也对生产产生影响，影响农民的做法，并对就业和创新方面的经济产生影响。健康是指"身体、精神和社会的完全健康状态，而不仅仅是没有疾病或身体虚弱"（世界卫生组织，2019）。如果不能达到这一水平，粮食体系就会受到威胁，无论是通过提供农业劳动力，还是通过支持消费者健康。医疗保健对粮食体系也很重要，可以推动消费者和劳动力的总体健康，并确保良好的就业。

政 治 因 素

政治因素包括治理、公共政策、冲突和人道主义危机，它们影响着粮食体系中的许多因素。

不同规模下的**治理**机制对于粮食体系支持政策的设计、执行和实施至关重要。治理是指讨论和考虑公共决策的方式，但治理也涉及来自私营部门和非政府组织的多个利益相关者（粮食安全与营养高级别专家组，2017）。

公共政策通过许多工具影响粮食体系，如法规和法律、投资、补贴和税收、信息和合法化或支持粮食体系的参与者。虽然大多数国家都有农业政策，但很少国家有粮食政策，或将这些政策限制在粮食供应和粮食安全方面（粮食安全与营养高级别专家组，2017）。

冲突和内乱是指政治危机和国内或国际暴力战争。冲突是严重粮食危机和近期饥荒重新出现的关键驱动因素，而在冲突持续和机构能力薄弱的地区，饥饿和营养不良的情况特别严重。冲突也造成人口迁移和人们流离失所，欢迎移民的地区可能因人口的快速增长而带来利益，但会对当地粮食体系造成破坏（粮食安全与营养高级别专家组，2017）。

驱动因素可以来自系统内部并且相互关联

这些驱动因素之间是密切相关的，其相互关系可能产生协同作用，即扩大或加速其效果。

虽然外部驱动因素塑造了粮食体系，但一些国家的发展选择和粮食体系类别也会对驱动因素产生影响。例如，工业化国家普遍存在的大规模使用能源和不可再生资源的生产，会消耗自然资源，加剧气候变化和温室气体排放，加剧不平等。这些驱动因素不仅影响那些选择了这些经济发展方案的国家的粮食体系，而且影响全球粮食体系。这些粮食体系路径可以被认为是内部驱动因素。粮食体系的配置产生了路径依赖，如日常生活、社会习惯、基础设施、饮食习惯、组织逻辑等。这可能会导致惯性，并阻止粮食体系的潜在变化。

外部驱动力不断演化，它们的某些趋势会驱动粮食体系的路径改变。然而，在粮食体系不断进化的过程中，它们有自己固有的惯性、创新的途径和趋势，影响着它们自身的改变潜力。

在这份报告中，我们主要关注外部驱动因素对实际粮食体系造成的主要后果和风险，关注那些给粮食体系带来压力的因素。假设世界上的一些地区，如低收入和中低收入国家，由于各种驱动因素前所未有趋势的组合，正受到特定的威胁。

【参考文献】

Caron, **P.**, **Ferrero y de Loma-Osorio**, **G.**, **Nabarro**, **D.**, **Hainzelin**, **H.**, **Guillou**, **M.**, **Andersen**, **I.**, **Arnold**, **T.** *et al.* 2018. Food systems for sustainable development: proposals for a profound four-part transformation. Agronomy for Sustainable Development 38: 41. https://doi.org/10.1007/s13593-018-0519-1.

Claquin, **P.**, **Martin**, **A.**, **Deram**, **C.**, **Bidaud**, **F.**, **Delgoulet**, **E.**, **Gassie**, **J.** & **Hérault**, **B**. 2017. MOND'Alim 2030, panorama prospectif de la mondialisation des systèmes alimentaires. Paris, La Documentation française.

FAO. 2017. The future of food and agriculture – Trends and challenges.Rome. 166 pp.

FAO. 2019. FAO Migration Framework – Migration as a choice and an opportunity for rural development. Rome. 128 pp.

Fischler, **C**. 1988. Food, self and identity. Social Science Information,27(2): 275-292.

HLPE. 2017. Nutrition and food systems. Report 12 by the High Level Panel of Expert on Food Security and Nutrition of the Committee on World Food Security. Rome.

IPCC. 2018. Annex I: Glossary [R. Matthews, ed.]. In V. Masson- Delmotte, P. Zhai, H.-O. Pörtner, D. Roberts, J. Skea, P.R. Shukla.**A. Pirani** *et al.,* eds. Global warming of 1.5°C. An IPCC Special Report on the impacts of global warming of 1.5°C above pre-industrial levels and related global greenhouse gas emission pathways, in the context of strengthening the global response to the threat of climate change, sustainable development, and efforts to eradicate poverty. In Press.

Jahn, **M.M.**, **Jayamaha**, **B.**, **Mulhern**, **W.S.**, **Ross**, **D.E.**, **Rose**, **M.A.**, **Treverton**, **G.F.**, 2018. Global Food System. Stability and Risk. At the Nexus of Defense and Development. Thomson Reuters Research Report. 30 p.

UNESCO. Glossary of Migration Related Terms.[online] http://www.unesco.org/shs/migration/glossary.

UNHCR. 2019. Glossary. In: UNHCR, The UN Refugee Agency, Global Focus [online]. Geneva. [Consulted June 2019]. http://reporting.unhcr.org/glossary/i.

United Nations. 1992. United Nations framework convention on climate change. Rio de Janeiro, UN (also available at: https://unfccc.int/resource/docs/convkp/conveng.pdf.

United Nations Statistics Division (**UNSD**). 1997. Glossary of environment statistics, studies in methods. Series F, 67, New York, United Nations.

van Berkum, S., Dengerink, J. & **Ruben, R.** 2018. The food systems approach: sustainable solutions for a sufficient supply of healthy food. Economic Research Memorandum 2018-064. Wageningen, Wageningen University.

WHO. 2019. Constitution. https://www.who.int/about/who-we-are/constitution.

1.3　粮食体系驱动因素的主要趋势

Pauline Bendjebbar[①] 和 Nicolas Bricas[②]

概要

　　本节探讨主要外部驱动因素的趋势，在未来20年可能会给世界粮食体系带来重大挑战并增加风险。本章只着重介绍三类主要趋势：环境、人口和社会经济，它们是最容易预测和不确定性最低的。本节描述了一些主要的及有数据支持的趋势，尽管它们仍被科学家争论。它将展示低收入和中低收入国家将如何经历一些重大挑战。

人 口 趋 势

　　一些国家人口快速增长。根据联合国人口数据显示，世界人口将从2019年的77亿增长到2030年的85亿。到2050年，非洲人口将大幅增加13亿，亚洲增长7.5亿（联合国，2017a）。33个国家对2100年的人口预计是2017年的3倍。这些国家主要是低收入和中低收入国家（粮农组织，2017）。非洲将经历年轻人口比例的增加，而欧洲和亚洲人口将会老龄化（粮农组织，2017）。

　　值得注意的是，人口增长将主要发生在城市区域。联合国人口数据显示（2019），未来10年，低收入和中低收入国家的城镇人口年均增长率将分别达到3.9%和2.4%，这意味着从2019年到2030年，城镇人口将增长50%。

　　相比于2010年，2050年城市的数量将增长75%，世界将有66%的人口为城镇人口。低收入和中低收入国家的城镇化速度将高于世界上其他国家。2050年，非洲大约56%和亚洲64%的人口将居住在城市（粮食安全与营养高级别专家组，2017）。2014年至2050年，印度、中国和尼日利亚的城镇人口增长量将占到世界预期增长量的37%。

　　一些国家的农村人口也将出现增长。再次引用联合国人口数据（2019），城镇化不会掩盖一些国家农村人口的大幅增长，特别是撒哈拉以南的非洲国家。2019年至2030年，这些国家中有些农村人口将增长超过20%。农村人口的增长意味着农村地区将有相当数量的粮食和就业岗位需求增加（联合国，2017a）。

---

　　①② 　法国农业国际合作研究发展中心，UMR MOISA，蒙彼利埃F-34398，法国；蒙彼利埃大学，蒙彼利埃F-34090，法国.

国家内部和国家之间的移民及被迫流离失所者都在增加。2017年，有143个国家和地区因为冲突和灾害等原因造成3060万人境内流离失所（境内流离失所监测中心，2018）。全球范围内，自然灾害是造成人口流离失所的主要原因，但非洲主要是由冲突引起的（境内流离失所监测中心，2018）。

全球气候变暖的影响正在不断增长，这必然会增加灾害引起的流离失所，还会加剧因人们为寻找新的土地、水和食物进行迁移而导致的社会动荡和冲突。

世界上一些地区的国际移民也呈上升趋势，他们主要是为了寻求更好的生存和就业环境（联合国难民署，2018）。国际移民主要发生在发展中国家之间，并且大多是相同区域的国家之间。2010年至2015年，超过3 000万人离开亚洲，其中只有400万去了北美地区，400万去了欧洲；同时，非洲大陆有1 000万移民，但只有200万去了欧洲（图4）。

总体来说，因较低的粮食生产能力和较差的恢复力、较高的资源压力和政治危机造成的粮食体系不稳定会引发更多的移民和流离失所发生。

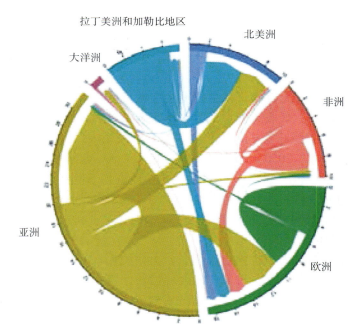

图4　2010—2015年地区间移民流动估算结果
资料来源：联合国经济社会事务部，IOM（2018）。

2015年修订版国际移民流入和流出选定国家的数据集。箭头表示流向。流动的大小由其底部箭头的宽度决定。外部轴上的数字，表示迁移流动的大小，以百万为单位。例如，2010年到2015年，北美增加了大约400万出生在亚洲的人口。

主要环境因素趋势

主要环境变化趋势表明人类正面临危机，这早在1992年就已经提出。当时忧思科学家联盟的1 700名独立成员联合起来提出"世界科学家对人类的警告"。许多科学家在2017年重新联合起来重申对地球潜在的不可逆转破坏的警告。

这种破坏包括"臭氧耗损、淡水供应、海洋生物耗损、海洋死亡区、森林损失、生物多样性破坏、气候变化和人口的持续增长"（Ripple等，2017）（图5）。

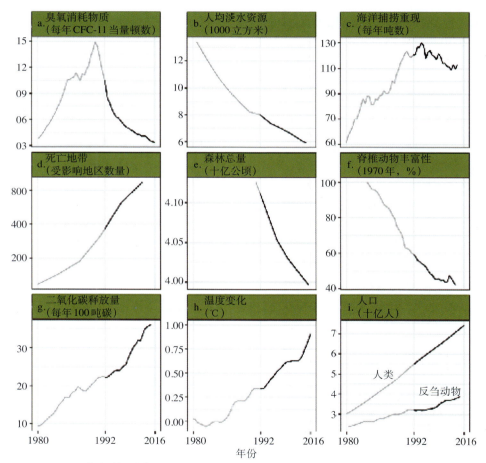

图5　随着时间的推移，1992年科学家向人类发出的警告中指出了环境问题

资料来源：Ripple等，2018。

在1992年科学家发出警告之前和之后的年份分别以灰色和黑色线条显示。图（a）显示了卤素气体的排放，卤素气体会消耗平流层中的臭氧，这里每年的自然排放率被假定为0.11 Mt CFC-11-当量。右图（c）中，海洋捕捞量自20世纪90年代中叶以来一直在下降，但与此同时，捕捞有度有所增加。图（f）中的脊椎动物丰度指数已针对生物分类和地理位置进行了调整，但所纳入的发展中国家数据相对较少，原因是针对发展中国家的研究最少；1970年至2012年期间，脊椎动物数量下降了58%，淡水、海洋和陆地脊椎动物数量分别下降了81%、36%和35%。五年平均值显示在图（h）中。图（i）中的反刍动物包括牛、绵羊、山羊和水牛。请注意，y轴并非从零开始，因此在解读每组图表时检查数据范围很重要。自1992年以来，每个图表中变量的百分比变化如下：（a）-68.1%，（b）-26.1%，（c）-6.4%，（d）+75.3%，（e）-2.8%，（f）-28.9%，（g）+62.1%，（h）+157.6%，（i）人类：+35.5%，反刍家畜：+20.5%。

从图5中可以看出，许多环境指标表明，我们尚未朝着包括粮食体系在内的更可持续发展的体系趋势改变。事实上，所有这些趋势都影响着世界各地的粮食体系。

社会经济因素趋势

一个主要的趋势是收入的变化，因为收入推动饮食变化。中产阶级正在亚洲、近东、北非和撒哈拉以南非洲兴起。中产阶级的增长停滞在欧洲预测（从2015年的7.24亿人预测2030年的7.33亿人），北美预测（从2015年的3.35亿人预测2030年的3.54亿人），中美洲和南美洲预测（从2015年的2.85亿人预测2030年的3.35亿人）（图6）。

图6　全球中产阶级数量的扩张（单位：百万人）
资料来源：Kharas，2017。

贫困和国内不平等仍然高发。国际劳工组织对2019至2023年低收入国家按经济水平的就业分布预测显示，尽管中产阶级在上升，中等至极低收入水平就业仍将是这些国家中最大的就业类型（图中黄色、橙色和红色分别表示接近贫困、中等贫困和极贫困），根据预测，这一比例似乎仍将是最多的（图7）。

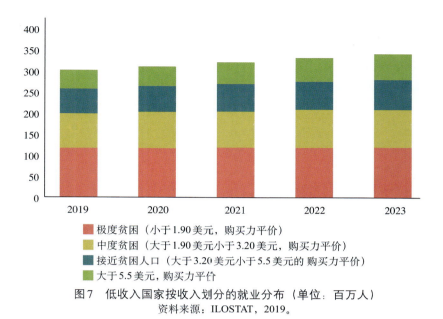

图7　低收入国家按收入划分的就业分布（单位：百万人）
资料来源：ILOSTAT, 2019。

贫困人口更容易受到冲击。经历一次冲击后，他们可能难以获得足够的食物，特别是在城市地区。

人均粮食产量创历史新高。即便在非洲等人口快速增长的地区，粮食产量的增长速度也超过人口增长速度（图8）。可以说，粮食不安全状况有所改

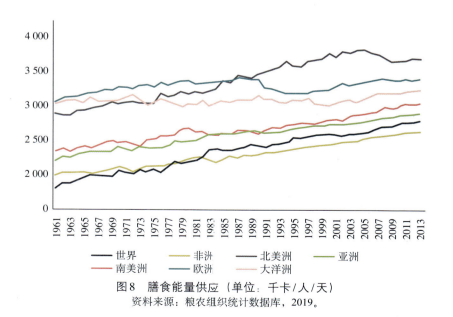

图8　膳食能量供应（单位：千卡/人/天）
资料来源：粮农组织统计数据库，2019。

善。尽管目前全球粮食产量超过热量需求，而且仍将保持这种水平，但粮食不安全状况仍然很严峻。值得注意的是，2015年情况发生变化（图9），营养不良人数下降的趋势逆转，这其中的原因很多，今后几十年，威胁低收入水平国家和中低收入水平国家粮食安全的因素可能会更多。

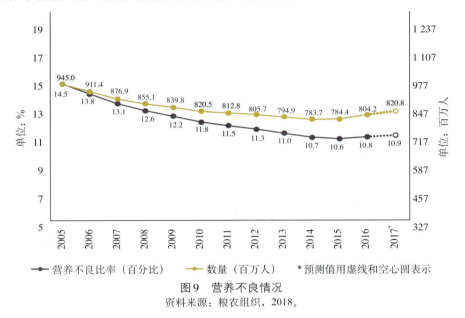

图9　营养不良情况
资料来源：粮农组织，2018。

一个主要的社会经济趋势是世界各地饮食结构正朝着增加肉类消费的方向发展，这种增长在东亚尤为显著（图10）。

尽管世界各地的肉类可及性都在上升，但是所消费动物产品的多样性表明各国之间饮食差异仍然存在（图11）。

随着食品加工业的不断工业化，世界各国消费的加工食品越来越多（Claquin等，2017）。这使得一些高度工业化、标准化的产品风靡全球，例如苏打水和糖。

另一个主要趋势是食品市场的发展。全国市场和地方市场不断发展，表明农产品已经商品化。比如在撒哈拉以南非洲，农村地区部分农产品仍旧依赖自家生产，但是，农产品贸易市场已经在各地出现。在西非地区，农村地区消费的半数农产品来自市场采购。在Bricas，Tchamda和Mouton（2016）三人研究的16个国家中，农村人口消费的一半淀粉产品来源于市场购买，而非自家农场。动物和其他产品的购买比例更高（Bricas，Tchamda和Mouton，2016）。此外，大型商超在全球持续扩张，在所有低收入水平和中低收入水平国家都呈现高速增长的趋势（Reardon等，2003）。

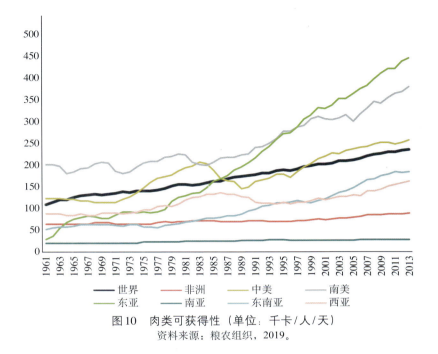

图10 肉类可获得性（单位：千卡/人/天）

资料来源：粮农组织，2019。

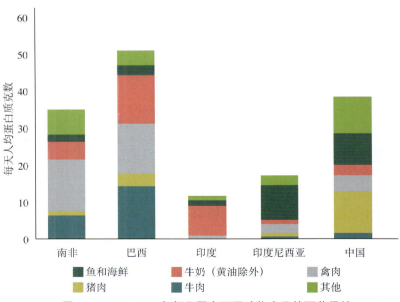

图11 2011—2013年部分国家不同动物产品的可获得性

资料来源：粮农组织，2019。

世界各国国际贸易水平看涨。1995至1996年、2012至2013年，跨洲贸易有所增加，亚太国家之间的贸易交往尤为密切（Claquin等，2017）。世界贸易中加工产品份额将继续增长，传统国际贸易产品（例如可可和咖啡）将继续保持国际化（Claquin等，2017）。2001年4月至2009年12月，欠发达国家生鲜商品占农产品出口份额从37.8%增加到48.5%，而加工产品占农产品出口份额从31%下降到26%（图12）（粮农组织，2015）。

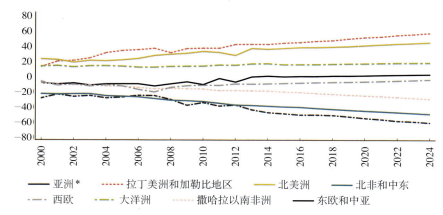

图12　2000—2024年不同地区农产品净贸易的演变（单位：10亿美元）
资料来源：经济合作与发展组织—粮农组织2015—2024农业展望，粮农组织，2015年引用。
注：谷物、油料种子、糖料作物、肉类、鱼和奶制品的净出口按2004至2006年不变的国际参考价格估算。2014年以后的数据为预测值。
*亚洲涵盖除中亚以外的所有亚洲，包括东南亚、南亚和东亚（包括中国）。

结　　论

本文对一些主要趋势的描述并不详尽，重点关注在可能对未来粮食体系构成重大风险的趋势上面。这些趋势说明，低收入国家和中低收入国家可能是世界上最脆弱的地区。后续各章节将更详细地探讨这些趋势，并研究它们对低收入国家和中低收入国家粮食体系的影响。

【参考文献】

Bricas, N., **Tchamda**, C. & **Mouton**, F., eds. 2016. L'Afrique à la conquête de son marché alimentaire. Enseignements de dix ans d'enquêtes auprès des ménages d'Afrique de l'Ouest, au Cameroun et au Tchad. Études de l'AFD 12, Paris, AFD.

Claquin, **P.**, **Martin**, **A.**, **Deram**, **C.**, **Bidaud**, **F.**, **Delgoulet**, **E.**, **Gassie**, **J.** & **Hérault**, **B**. 2017. MOND'Alim 2030, panorama prospectif de la mondialisation des systèmes alimentaires. Paris, La Documentation française.

FAO. 2017. The future of food and agriculture – Trends and challenges. Rome. 166 pp.

FAO. 2018. The State of Food Security and Nutrition in the World 2018. [online] http://www. fao.org/3/ca5162en/ca5162en.pdf

Internal displacement monitoring centre (IDMC). 2018. Global report on internal displacement. GRID. (also available at www.internal-displacement.org/global-report/ grid2018/downloads/2018-GRID.pdf).

International Organization for Migration. 2018. World Migration Report 2018. [online] https://publications.iom.int/system/files/pdf/ wmr_2018_en.pdf.

Kharas, **H**. 2017. The unprecedented expansion of the global middle class: an update. Global Economy & Development working paper 100. Washington, DC, Brookings.

Reardon, **T**., **Timmer**, **C.P.**, **Barrett**, **C.B**. & **Berdegue**, **J**. 2003. The rise of supermarkets in Africa, Asia, and Latin America. American journal of agricultural economics, 85(5): 1140–1146.

Ripple, **W.J.**, **Wolf**, **C.**, **Newsome**, **T.M.**, **Galetti**, **M.**, **Alamgir**, **M.**, **Crist**, **E.**, **Mahmoud**, **M.I.** *et al.* 2017. World scientists' warning to humanity: a second notice. BioScience, 67(12):1026–1028 [online]. https://doi.org/10.1093/biosci/bix125.

UNHCR. 2018. Global trends. Forced displacements in 2017. Geneva, UN. (also available at https://www.unhcr.org/5b27be547.pdfhttps.

United Nations. 2017. World population prospects: the 2017 revision, key findings and advance tables. Working Paper ESA/P/ WP/248. New York, UN.

2. 粮食体系与气候变化的相互作用

2.1 粮食体系碳排放与气候变化

Julien Demenois[①]，Géraldine Chaboud[②] 和 Vincent Blanfort[③]

概要

粮食体系温室气体排放占人类温室气体排放总量的三分之一，主要排放物包括二氧化碳（CO_2），甲烷（CH_4）和一氧化二氮（N_2O），可以说是气候变化的主要驱动力之一。人类活动足迹已经延伸至地球之外，与此同时粮食体系承受的环境压力可能会不断升级。据估计，2010—2050年，如不进行技术革新或采取更多减排措施，农业将导致温室气体排放量增加80%至92%除作为温室气体排放的重要来源外，粮食体系还深受气候变化的影响。气候变化的不良影响叠加各国适应能力的差异，很可能加剧高收入国家、低收入国家和中低收入国家之间现存的不平等现象。

粮食体系加剧气候变化

粮食体系是气候变化等环境变迁的主要驱动力。发展粮食体系促使人类跨越多个"地球边界"，"地球边界"是指人类在稳定地球系统上的安全活动边界，特别是与气候变化有关的（Springmann等，2018）。农业、林业和其他土地利用活动造成的温室气体排放量不足全人类温室气体排放量的四分之一，约为每年100亿～120亿吨二氧化碳当量，主要来源包括森林砍伐、牲畜、土壤和施肥活动（Smith等，2014）。据估计，2000—2010年，每年农业生产直接温室气体排放量为50亿～58亿吨二氧化碳当量（Smith等，2014），来自生物质燃烧（12%）和农业机械能源使用（Vermeulen等，2012）。生产前阶段（主要是肥料生产）的间接温室气体排放量估计为每年3.5亿～7.7亿吨二氧化碳当量，产后阶段（加工、包装、运输、冷藏、零售、餐饮业、食品管理和废物处置）的间接温室气体排放量为每年11亿吨二氧化碳当量（Vermeulen等，2012）。可以说，粮食体系排放量占人为温室气体排放总量的19%至29%。迄今为止，低收入国家和中低收入国家温室气体排放领域主要为农业生产，其中

---

① 法国农业国际合作研究发展中心，内部研究部门-农业生态和一年生作物可持续集约化，蒙彼利埃大学，蒙彼利埃F-34090，法国。
② 蒙彼利埃高等农业研究所和法国农业国际合作研究发展中心，联合国教科文组织世界食品主席，蒙彼利埃F-34090，法国；蒙彼利埃大学，蒙彼利埃F-34090，法国。
③ 法国农业国际合作研究发展中心，联合研究部门-畜牧体系和动物产品管理（简称UMR SELMET），蒙彼利埃F-34398，法国；蒙彼利埃大学，蒙彼利埃F-34090，法国。

产后阶段的温室气体排放量与高收入国家生产阶段的排放量相当（Vermeulen等，2012）。

尽管能找到的数据很少，但估计全世界生产-消费环节损失、浪费的粮食占生产总量的三分之一（Gustavsson等，2011；粮食安全与营养问题高级别专家组，2014）。高收入国家的大多数粮食损失和浪费发生在食物供应链下游（零售和消费环节），这与过度生产和过度消费的模式有关。在低收入国家和中低收入国家，由于基础设施、金融和技术方面的制约，粮食损失与浪费主要发生在上游阶段（收获、储存、运输和加工环节）（Gustavsso等，2011）。在食物供应链中，损失与浪费对自然资源的消耗不容小觑，所造成温室气体排放毫无意义。食物损失与浪费会导致两次温室气体排放：一次是废弃物处理环节（例如垃圾填埋处理），一次是生产、加工、运输、零售和消费食物环节造成的排放。就对环境的影响而言，前者远比后者更显著。粮食损失与浪费的碳足迹估计为33亿吨二氧化碳当量（不包括土地利用变化带来的温室气体排放）。与2050年的基准预测相比，粮食损失与浪费减半将使环境影响降低6%至16%（Springmann等，2018）。

气候变化对粮食体系的影响

政府间气候变化专门委员会（IPCC）2018年报告显示，气候变化不仅造成大量温室气体排放，而且影响全世界的人类生存和自然环境。根据《世界粮食安全与营养状况》（粮农组织，2018），气候变化是世界饥饿人口数量攀升的主要原因之一，到2017年，全世界饥饿人口达到8.21亿。到21世纪中叶，平均温度升高、降水变化、海平面上升以及更加严重的病虫害预计将影响若干农业领域。

值得注意的是，人类记载的自然灾害数量和发生频率都在显著增加。自然灾害经常导致重要农业物资和基础设施毁坏，扰乱生产周期，破坏贸易，影响人类生计，从而威胁粮食安全，并在整个粮食价值链引发蝴蝶效应（粮农组织，2017）。不可否认，极端天气事件和地缘政治危机已经成为冲击粮食生产的两大因素，而两者影响力在不同地域有所不同（Cottrell等，2019）。半数以上的粮食生产系统危机是由极端天气事件造成的，这加剧了人们对全球气候和气象波动极易冲击粮食生产系统的担忧。

此外，气候变化还将影响畜牧业、渔业和水产养殖业，干扰中小型食品和农业企业运营，破坏农业基础设施，从而扰乱食品供应，迫使当地农民成为气候难民。各地区和国家受到的气候变化影响不同，其中干旱和半干旱地区降水减少、温度升高，产量将遭受损失。相反，温带地区国家将因作物生长季气候变暖而受益。

面对气候变化，低收入国家和中低收入国家首当其冲，粮食安全问题因此愈演愈烈。例如，南亚和撒哈拉以南非洲，特别是西非，这是受灾最严重的地区，气候变化导致农作物大幅减产，而国民经济、就业对农业的依赖又极高（插文1）。另外，小规模家庭农场由于很难获得创新技术、服务和各类投入品，其气候变化适应能力将受到很大限制。这些地区受气候变化影响，农业产量将大幅下降，农产品的进口量将增加。气候变化影响不均衡，再加上适应能力的差异，可能加剧现有的不平等现象，并进一步扩大高收入国家和低收入国家与中低收入国家之间的差距（粮农组织，2018）。

插文1 马里南部未来的气候风险[1]

预计在撒哈拉以南非洲的许多地区，气候变化造成的农作物单产损失将很高，小农户由于严重依赖农业为生，因此被确定为极易受到气候变化影响的群体。在马里南部，一项根据农场类型和食物自给程度的研究评估了未来的气候变化风险。研究表明，马里南部N' Tarla地区的谷物作物生产受到气候变化的严重威胁。该国约40%的人口居住在该地区，耕地面积占马里的一半。

目前马里气候是西非苏丹-萨赫勒气候带的典型，突出特征是高温少雨。预测表明当前的气候变暖趋势将持续甚至加速。到21世纪中叶（2040—2069年），与过去30年（1980—2009年）的气候趋势相比，每年的最高和最低温度预计分别升高2.9℃和3.3℃。气温上升将缩短作物生长周期，引发更严重的土壤水分蒸发，导致干旱的强度和持续时间上升，从而对作物产量产生致命影响。按照目前预测的未来气候条件，如不改变当前种植方式，模型显示各类农场将面临农作物减产，食物可获得性将降低，而该地区大部分人口已经面临粮食不安全问题。

然而即便采取应对措施，不同类型的农民抵御气候变化不利影响的能力也截然不同。预测表明，大中型农场可以抵消由于气候变化而导致的单产损失，并通过诸如早播和增加肥料使用等作物管理解决方案保持粮食自给自足。然而，任何作物管理适应措施都不足以保证小农场抵御气候变化负面影响，作物生产水平和粮食自给自足都无法保证。这些小农无法实现粮食安全，必须依靠非农就业或其他形式的社会支持以应对气候变化。这项研究的结果与许多其他研究和预测模型一致，撒哈拉以南非洲的农业可能受到未来气候变化的巨大影响。

1.根据Traora等，2017。

【参考文献】

Cline, W. 2007. Global warming and agriculture: impact estimated by country. Washington, DC, Center for Global Development and Peterson Institute for International Economics.

Cottrell, R.S., Nash, K.L., Halpern, B.S., Remenyi, T.A., Corney, S.P., Fleming, A., Fulton, E.A., Hornborg, S., Johne, A., Watson, R.A. & Blanchard, J.L. 2019. Food production shocks across land and sea. Nature Sustainability, 130: 130–137.

FAO. 2013. Food wastage footprint: impacts on natural resources – Summary report. Rome. 62 pp.

FAO. 2017. The impact of disasters on agriculture – Addressing the information gap. Rome. 26 pp.

FAO. 2018. The State of Agricultural Commodity Markets – Agricultural trade, climate change and food security. Rome. 92 pp.

Gustavsson, J., Cederberg, C., Sonesson, U., van Otterdijk, R. & Meybeck, A. 2011. Global food losses and food waste: extent, causes and prevention. Rome, FAO, 37 pp.

HLPE. 2014. Food losses and waste in the context of sustainable food systems. Report by the High Level Panel of Experts on Food Security and Nutrition of the Committee on World Food Security. Rome.

Smith, P., Bustamante, M., Ahammad, H., Clark, H., Dong, H., Elsiddig, E.A., Haberl, H., *et al*. 2014. Agriculture, forestry and other land use (AFOLU). In O. Edenhofer, R. Pichs-Madruga, Y. Sokona, E. Farahani, S. Kadner, K. Seyboth, A. Adler et al., eds. Climate Change 2014: mitigation of climate change, pp. 811–922. Contribution of Working Group III to the Fifth Assessment Report of the Intergovernmental Panel on Climate Change. Cambridge, UK and New York, NY, Cambridge University Press.

Springmann, M., Clark, M., Mason-D'Croz, D., Wiebe, K., Bodirsky, B.L., Lassaletta, L., Vries, W., *et al*. 2018. Options for keeping the food system within environmental limits. Nature, 562: 519–525 [online]. https://doi.org/10.1038/s41586-018-0594-0.

Traore, B., Descheemaeker, K., van Wijk, M.T., Corbeels, M., Supit, I. & Giller, K.E. 2017. Modelling cereal crops to assess future climate risk for family food self-sufficiency in southern Mali. Field Crops Research, 201: 133–145 [online]. https://doi.org/10.1016/j.fcr.2016.11.002.

Vermeulen, S.J., Campbell, B.M. & Ingram, J.S.I. 2012. Climate change and food systems. Annual Review of Environment Resources, 37:195–222.

2.2 气候变化、动物产品消费和粮食体系的未来

Guillaume Duteurtre[1]，Mohamed Habibou Assouma[1]，René Poccard-Chapuis[2]，Patrice Dumas[3]，Ibra Toure[1]，Christian Corniaux[4]，Abdrahmane Wane[5]，Alexandre Ickowicz1[1] 和 Vincent Blanfort[1]

概要

人为温室气体排放总量的14.5%来自畜牧业。制定减排政策本就是一项严峻的挑战，而低收入和中低收入国家动物产品消费量预计将快速增长使之雪上加霜。世界上现存的畜牧业系统多种多样，为探索固碳减排提供了许多可能性。草原、牧场和饲料作物田的固碳作用以及粪便回收利用对于评估畜牧业价值链的碳效率至关重要。促进畜牧生产系统可持续发展，保障动物产品市场链和消费可持续性需要根据不同地域的自然景观形成温室气体的排放清单。

畜牧业和温室气体排放：动物产品需求的增长如何给粮食体系带来风险

在过去的40年，随着人口增长、经济发展和城市化的推进，人们对动物产品的需求出现大幅增长。1977—2017年，世界人口几乎翻番，人均动物产品消费量增长了50%。世界肉类产量从1.22亿吨跃升至3.3亿吨，牛奶产量从3.17亿吨猛增至8.11亿吨（粮农组织，2019）。最新预测表明，这种趋势将在全球范围内持续，随着新兴国家家庭收入攀升，其对动物产品的需求随之增加，各类动物产品生产消费增长趋势将格外突出。

市场扩张带来重大的环境影响。畜牧生产集约化、价值链工业化在全世界萌芽（Steinfeld，de Haan和Blackburn，1997）。"畜牧革命"、饲料农田和粮食作物种植面积扩张为土地和自然资源带来更大压力。全世界200亿只牲畜啃食全球30%的土地，动物饲料生产消耗全球33%的农田和32%的淡水资源

---

① 法国农业国际合作研究发展中心，UMR SELMET，帕拉州贝伦66095-903，巴西；巴西农业研究公司东亚马逊地区，帕拉州贝伦66095-903，巴西；蒙彼利埃大学，蒙彼利埃F-34090，法国。
② 法国农业国际合作研究发展中心，联合研究部门-国际环境和发展研究中心，蒙彼利埃F-34398，法国。
③ 法国农业国际合作研究发展中心，UMR SELMET，达喀尔汉恩，塞内加尔；塞内加尔农业研究所，塞内加尔；蒙彼利埃大学，蒙彼利埃F-34090,法国。
④ 法国农业国际合作研究发展中心，UMR SELMET,达喀尔·汉恩，塞内加尔；ISRA，达喀尔·汉恩，塞内加尔；蒙彼利埃大学，蒙彼利埃F-34090,法国。
⑤ 法国农业国际合作研究发展中心，UMR SELMET，阿比让01，象牙海岸；乌弗埃-博瓦尼大学，阿比让01，象牙海岸；蒙彼利埃大学，蒙彼利埃F-34090，法国。

（Herrero 等，2016）。

这些变化加剧了温室气体排放，从而加速了气候变化。畜牧业每年产生约71亿吨二氧化碳当量的温室气体，占全球人为温室气体排放量的14.5%。世界各地区温室气体排放不同，但与畜牧生产量不完全相关（图13），而与肠道发酵（28亿吨二氧化碳当量/年）、饲料生产、加工和运输（32亿吨二氧化碳当量/年）、粪便管理（7亿吨二氧化碳当量/年）和土地利用变化排放（6亿吨二氧化碳当量/年）等相关（Gerber 等，2013）。上述各环节对温室气体排放的贡献率在科学界尚未定论，而且畜牧业用地改变造成的碳排放和碳固存尚未经过恰当评估。所有畜牧业相关的温室气体排放中燃烧化石燃料（从生产到分配环节）占比较大，预计为14亿吨二氧化碳当量/年。

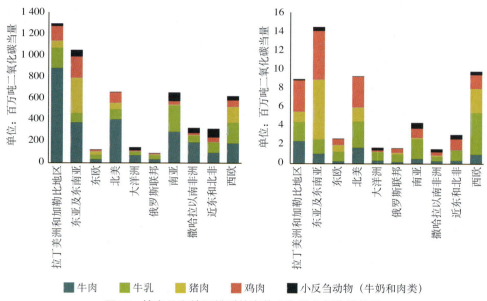

图13　按商品和地区排列的畜牧业和温室气体排放量
资料来源：Gerber，P.J.等，2013。

从化学成分上讲，温室气体约44%是甲烷，29%是氧化亚氮，其余27%是二氧化碳（Gerber 等，2013）。

反刍动物由于需要肠道发酵，生产肉和奶时单位蛋白质排放的温室气体比猪、家禽和水产品都要高。生产牛肉和牛乳导致的温室气体排放量占整个畜牧业的64%，而生猪和家禽饲养占比分别只有9%和8%。

在所有畜牧业生产系统中，有些子系统的碳成本较低。与缺少农田、全部依赖饲料的畜牧业系统相比，草地系统能够利用天然草场、耕种草地形成粮食-畜牧综合系统，因而产生的排放量较低（插文2）。为了更好管理不同的子系统，我们必须权衡其多重功能。

实现畜牧系统的多功能性需要权衡缓解气候变化与其他生态系统服务功能的关系

畜牧业至少为13亿生产者和零售商提供了直接的生计，并带来经济利益。畜牧业作为经济活动的一种，占全球农业GDP的比重高达50%（Herrero等，2016）。畜牧业在自然资源贫乏、自然环境恶劣的地区也能发展良好。不论所处生态系统如何，畜牧业都为多样化的社会群体提供广泛的机会。举个例子，全世界超过1.21亿个家庭依靠牛奶生产维持生计，其中大多数家庭农场规模很小，平均仅饲养三头奶牛（国际牧场联盟，2015）。

畜牧业功能多样，在农村地区的可持续发展中发挥着重要作用。畜牧业生产的肉、奶和鸡蛋有助于保障饮食营养均衡，低收入国家畜牧业产品通过"自产自销"更能改善饮食。

牲畜还能用于运输和耕地，粪便可做有机肥。此外，牛和其他牲畜也是低收入、中低收入国家家庭经济中的重要一环，通常作为储蓄手段和经济风险应对机制，帮助农村家庭保障生存、渡过缺粮时期（Alary，Duteurtre和Faye，2011）。如田园主义所示，这是一些人维持生计的核心要务。此外，牲畜在农业集约化进程中始终发挥着至关重要的作用（安全和营养问题高级别专家小组，2016）。以放牧为主的畜牧业系统具备以有机碳形式长期固碳的生态能力，这有助于全球范围内的碳固存（Soussana，Tallec和Blanfort，2010）。

在许多低收入、中低收入国家，动物产品在宗教和文化习俗中也具备重要的文化价值。地方和国际贸易中牲畜交易能够提升粮食安全水平。同时，过度食用动物产品可能会导致营养失调。

设计有助于可持续粮食体系的低碳畜牧业系统

全球变暖带来的严峻挑战意味着，我们既要推动畜牧业向低碳系统转变，又要可持续地满足低收入、中低收入国家对畜产品日益增长的需求。畜牧业变革必须考虑牲畜在当地生态系统和社会中扮演的各种角色，以及碳固存过程的重要性（Vigne等，2017）。

在生产方面，碳平衡必须在生产景观层面得到改善。理解适应气候变化、可持续增加产量以及减排措施三者之间的潜在联系至关重要。气候智能农业措施能够指导畜牧业调整和变革（粮农组织，2017）。

热带地区湿润多雨，畜牧业发展一般以砍伐森林为代价，为了保护森林生物多样性和维持碳储量，遏制森林砍伐是头等大事。草地能够增加土壤中碳的吸收量，同时确保生态系统中的基本粮食生产（Stahl等，2017）。森林砍伐之后开发的热带草场可以采用气候智能农业的做法进行开发。这些措施包括禁止焚林而田、禁止过度放牧、倡导轮牧、推广草地和豆类植物套种以减少化肥使用。更好地整合林地畜牧活动和农业景观（打造农牧业复合系统）也能为减排贡献力量（Vigne等，2016）。

较为干燥的热带地区畜牧业以草场生态系统为主，这里的牲畜粪便还田能够将干物质归还土壤，在营养和碳循环的重组中发挥重要作用。干旱季节伊始便收获多余的草料降低了森林大火的风险，并能够提高牲畜的生产力（Assouma等，2019）。

我们必须推动消费端创新。一些科学研究分析了饮食结构改变对减排潜在的巨大作用。比如，素食主义和半素食主义饮食可以大大降低畜牧业碳排放量。然而，在低收入、中低收入国家，动物产品消费量持续攀升。在这些国家推广低碳标签、缓解气候变化认证机制、缩短价值链可能是减少温室气体排放的有效工具。上述市场机制发挥作用需要根据景观碳平衡来完成温室气体清单，以便将相关信息告知消费者。

插文2　荒漠草原畜牧业：零碳畜牧系统[1]

集约和粗放的畜牧系统对环境的影响在科学界引起了激烈的争论。尽管粗放型畜牧系统的温室气体排放总量较少，但仍被认为是单位动物产品温室气体排放率最高的系统。实际上，可用于热带农业生态系统的碳平衡计算是基于联合国政府间气候变化专门委员会提供的默认排放因子，由于缺乏热带系统中的原位测量，因此存在高度不确定性。

为了更好地评估非洲畜牧系统的碳平衡，人们在塞内加尔北部开放牧场地区弗洛进行了一项研究。这项评估采用生态系统衡量法，囊括所有主要温室气体排放源，例如牲畜肠内发酵产生的甲烷排放，粪便、土壤、地表水塘、白蚁、灌木丛火灾和泵电机，并考虑了所有碳固存来源，包括土壤自然固碳能力，树木和牲畜的固碳能力。考虑到当地季风气候和牧群移动的影响，碳平衡因子每月评估一次。

研究得出的结论是，当地生态系统碳平衡为－0.4亿吨二氧化碳当量/年。这说明树木、土壤和牲畜吸收的碳整体上平抑了温室气体排放。碳平衡随季节不同而显著变化。这种季节性是由放牧习惯和环境因素共同造成的。这项研究发现弗洛地区碳平衡为负数，这与原来人们认为的非洲畜牧业因单位牲畜产量低而对气候变化影响大正好相反。

1.根据Assouma等，2019。

　　生态系统衡量法还有一个好处，能够帮助理解碳平衡的所有驱动因素，从而有可能根据碳平衡的季节性和年际动态确定恰当有效的减排方案。从更广泛的角度来看，这些新研究结果要求我们更多地采用生态系统衡量方法来分析全球农业系统中的碳平衡，这其中的挑战是如何充分评估农业活动对气候变化的影响。

【参考文献】

Alary, V., **Duteurtre**, G. & **Faye**, B. 2011. Élevages et sociétés : les rôles multiples de l'élevage dans les pays tropicaux. Inra Productions Animales, 24(1), 145–156.

Assouma, M.H., **Hiernaux**, P., **Lecomte**, P., **Ickowicz**, A., **Bernoux**, M. & **Vayssières**, J. 2019. Contrasted seasonal balances in a Sahelian pastoral ecosystem result in a neutral annual carbon balance. Journal of Arid Environments, 162: 62–73 [online]. https:// doi. org/10.1016/j.jaridenv.2018.11.013.

FAO. 2017. Strengthening sector policies for better food security and nutrition results: climate change. FAO Policy Guidance note 5. Rome, 44 pp. (also available at www.fao.org/3/ i7217en/I7217EN.pdf).

FAO. 2019. FAOSTAT [online]. Rome. www.fao.org/faostat/en/.

Gerber, P.J., **Steinfeld**, H., **Henderson**, B., **Mottet**, A., **Opio**, C., **Dijkman**, J., **Falcucci**, A. & **Tempio**, G. 2013. Tackling climate change through livestock – A global assessment of emissions and mitigation opportunities. Rome, FAO. 115 pp.

Herrero, M., **Henderson**, B., **Havlík**, P., **Thornton**, P.K., **Conant**, R.T., **Smith**, P., **Wirsenius**, S., *et al.* 2016. Greenhouse gas mitigation potentials in the livestock sector. Nature Climate Change, 6: 452–461.

HLPE. 2016. Sustainable agricultural development for food security and nutrition: what roles for livestock? Report by the High Level Panel of Experts on Food Security and Nutrition of the Committee on World Food Security. Rome.

International Farm Comparison Network (IFCN). 2015. Annual Report. Kiel, IFCN.

Steinfeld, H., **de Haan**, C.H. & **Blackburn**, H. 1997. Livestock and environment Interactions: Issues and Options. Suffolk, UK, WRENmedia.

Soussana, J.F., **Tallec**, T., & **Blanfort**, V. 2010. Mitigating the greenhouse gas balance of ruminant production systems through carbon sequestration in grasslands. Animal, 4: 334–350.

Stahl, C., **Fontaine**, S., **Klumpp**, K., **Picon-Cochard**, C., **Grise**, M.M., **Dezecache**, C., **Ponchant**, L., *et al.* 2017. Continuous soil carbon storage of old permanent pastures in Amazonia. Global Change Biology, 23(8): 3382–3392 [online]. https://doi.org/10.1111/ gcb.13573.

Vigne, M., **Blanfort**, V., **Vayssières**, J., **Lecomte**, P. & **Steinmetz**, P. 2016. Livestock farming constraints in developing countries- from adaptation to mitigation in ruminant production systems. In E.Torquebiau, ed., D. Manley, trad. & P. Cowan, trad. Climate change and agriculture worldwide, pp. 127–141. Heidelberg, Germany, Springer. https://doi. org/10.1007/978-94-017-7462-8.

2.3　砍伐森林以发展粮食生产

Laurène Feintrenie[①] Julie Betbeder[①]，Marie-Gabrielle Piketty[②]和Laurent Gazull[③]

概要

森林砍伐会导致碳排放增加，进而加剧气候变化。在粮食体系内，扩大农业生产会增加森林砍伐和引起森林退化，这是本章讨论的重点。粮食体系与森林砍伐之间有着至关重要的关系，耕地所在的位置通常原来都是森林，要么是很久以前人类定居早期毁林造田，要么是近些年人类在森林边缘开垦的农田。过去二十几年，在低收入和中低收入国家，特别是热带地区，商业农业的发展已超过自给农业，成为毁林的主要原因。

粮食体系与森林砍伐之间有着至关重要的联系。由于气候和土壤条件优越，能开垦为耕地的土壤在自然条件下通常都覆盖森林。在低收入和中低收入国家，商业化农业是毁林的最重要驱动力，其次是自给农业（粮农组织，2016）。Hosonuma等（2012）估计，2000—2010年，拉丁美洲森林砍伐用作商业化农业用途的比例为68%，非洲和亚洲约为35%，而砍伐森林用于自给农业的比例分别为27%和40%。农业发展与森林退化有关，尽管造成森林退化的主要因素是木材采伐、砍伐、薪柴采集、木炭生产、森林大火，最后才是牲畜放牧（Hosonuma等，2012；Carter等，2018）。

毁林、森林退化和生态功能的丧失

森林具有多种生态功能，例如固碳、保护生物多样性、保护土壤以及调节水资源。更具体的说，热带雨林的蒸散作用促进云层和降水的形成，以此冷却局地气候。砍伐森林（彻底破坏森林覆盖）和森林退化（长时间破坏森林生长，改变森林形态）威胁到森林生态功能的发挥。大规模砍伐森林将导致固碳减少、温室气体排放增加，同时导致云层减少，降水因此显著减少，平均温度升高（Bonan，2008）。

---

①　法国农业国际合作研究发展中心，内部研究部门-森林与社会，图里亚尔瓦30501，哥斯达黎加；热带农业研究与高等教育中心，图里亚尔瓦30501，哥斯达黎加；蒙彼利埃大学，蒙彼利埃F-34090，法国。

②　法国农业国际合作研究发展中心，热带农业研究与高等教育中心，62-哥伦比亚波哥大，热带农业研究与高等教育中心；蒙彼利埃大学，蒙彼利埃F-34090，法国。

③　法国农业国际合作研究发展中心，内部研究部门-森林与社会，蒙彼利埃F-34398，法国；蒙彼利埃大学，蒙彼利埃F-34090，法国。

目前，地球上有三分之一的森林覆盖是原始森林或完整森林，而其他三分之二受人类活动影响逐步退化。热带雨林生长吸收的碳总量不及森林砍伐和退化释放的碳总量，因此每年净排放碳 425.2 ± 92.0 百万吨二氧化碳当量。全球约60%的热带雨林面临退化风险，释放的碳占当前热带雨林总体碳释放量的68.9%（Baccini等，2017）。热带雨林的演变将在缓解气候变化中发挥关键作用。

Song等人（2018）发现，从1982年到2016年，全球树木覆盖面积（包括所有农林业系统，许多退化的森林和人工林）增加了224万平方公里，增长了7.1%。森林覆盖增加地区主要是亚热带、温带和北方气候带，弥补了热带地区减少的森林面积。这项发现并没有考虑生产进口农林产品导致的滥砍滥伐。粮农组织（2015）认可该发现中对毁林面积的估计，同时认为1990—2015年全球森林面积净增长为负数。

农村地区的森林植被发挥了农业生产不可或缺的生态功能，例如为授粉动物和有益昆虫提供栖息地；保持土壤肥力稳定；促进地表水渗透，补充地下水；充当缓冲区，将暴雨分流成小河流网，减弱土壤侵蚀；抵御强风；调节微气候。如果规划管理得当，森林植被可以抵御不同程度和类型的自然灾害并发挥保护作用（粮农组织和亚太区域社区林业培训中心，2013；Carter等，2018）。森林的空间排列是生态功能发挥的关键。小农户管理的生产区域无法连接成片，常见的种植面积从不到一公顷到几公顷。小农生产区域内，在水域周围种树或形成树木缓冲走廊更有利于发挥森林保护作用。

农 业 与 滥 砍 滥 伐

近年来，科学界利用高分辨率图像和快速图像处理技术关联农业生产类型和森林消失面积，来确定哪种农业生产类型最容易造成滥砍滥伐。奥斯汀等人（2017）分析了2000年至2012年的森林砍伐情况，研究了不同发展水平国家和地区的滥砍滥伐趋势。他们的研究发现，整体而言，热带地区森林砍伐在2000—2006年和2007—2012年呈上升趋势。其中50%以上的滥砍滥伐造成的森林面积损失属于中大面积和工业规模（中等面积、大面积和工业规模面积分别为10～100公顷、100～1 000公顷和大于1 000公顷），东南亚（尤其是印度尼西亚、马来西亚和柬埔寨）和南美（尤其是在玻利维亚和巴拉圭）趋势更加明显（插文3）。巴西与此相反，该国森林砍伐趋势得以遏制，其中90%以上归功于中等面积和大面积砍伐活动的减少。奥斯汀等人还发现，多数中美洲和非洲低收入、中低收入国家森林砍伐仍旧以小规模为主（占比80%以上）。东南亚的菲律宾和泰国也一样，90%～92%森林砍伐属于小片砍伐。

小农经济包括两类，一类是家庭农场，农业生产主要供给自我消费，剩余农产品用于买卖；另一类是经营性商业农场，家庭成员和长期雇佣劳动力共同劳作。常规意义上的价值链一般不包括小农经济，尽管小农经济在某些作物种植中占主导地位，其对本国和国际市场的重要性一般会被低估。例如，世界上70%的水稻由种植面积不足2公顷的小农户生产，而小农户生产的玉米仅占10%（Samberg等，2016）。小农户人口数量庞大，是实现可持续发展目标——减贫、保障粮食安全、提升卫生服务教育普及性的重点工作对象。

随着人口不断增长，小农户毁林造田、伐木建屋、砍树取火，将森林开垦为农业用地是土地占用、转让的方式之一。低收入国家的小农往往经营劳动密集型的有机农场①，资金、投入品和各类农业生产资料匮乏。生产技术进步后，农民倾向于开垦更多土地提高产量而不是休耕还林，这意味着农业集约化不会直接减缓滥砍滥伐（Rudel等，2009；Byerlee，Stevenson和Villoria，2014）。此外，De Fries等（2010）研究表明，热带地区毁林造田与城市人口增长和出口型农业发展密切相关，与农村人口的增长关系不大。

奥斯汀等（2017）发现，2007—2012年期间，在南美的巴拉圭、玻利维亚和秘鲁，东南亚的印度尼西亚、马来西亚、柬埔寨和越南，森林破坏更多是由工业规模农业发展造成的。上述国家农业日益向出口型转变，只要农产品价格足够高，投资毁林造田就有利可图，木材和林木销售也能覆盖部分投资成本。

大规模的陆基农业投资符合政治战略要求，比如实现国民经济资源多样化，在国界地区定居，发展国民经济，扩大食品、纤维或能源出口，这对本国经济是难得的发展机遇，但对森林保护和土地资源永续利用可能是赤裸裸的威胁。

毁林能够扩展人类生存空间，但人口膨胀使得自然资源承载压力更大，且拉高对粮食作物、动物蛋白、燃料和建筑用木材的需求。紧邻人类居住区的森林可能面临更大的狩猎、采集、砍伐、毁林造田和小规模伐木的压力（Feintrenie，2014）。

这些地带是非政府组织活动家经常呼吁保护的对象。工业公司必须同时满足生产所在国和注册国政府的各类要求，这迫使农业公司形成更负责任的生产体系，并作出类似零砍伐的承诺（Tonneau等，2017）。

---

① 但是，在主要经济作物农业系统和城市周边农业中，情况可能并非总是如此（参见3.3）。

插文3 非工业化家庭农场可能会造成森林砍伐：
以印度尼西亚农林业为例

Sourisseau 等（2015）描述了家庭农业系统的多样性及其与环境的相互作用。他们举了许多非工业化家庭农业的例子，以此说明只要有森林可供开垦，且不存在劳动力短缺，扩张是增加家庭农业收入的主要策略。

印度尼西亚以其复杂的农林系统（也称为农林复合经营）而闻名，当以橡胶为主时，称为"丛林橡胶"。这些农林系统保留了大多数森林生态功能（粮农组织，2016）。它们保护土壤、调节水文资源和微气候，并保持高水平的生物多样性。开发和管理农林复合系统的农民对植物、昆虫和动物相互作用的复杂性很敏锐，并能够认识到它们的美学品质。在这令人心旷神怡的景象背后，隐藏着砍伐森林、攫取商业利益的残忍事实。根据工业化农业发展规律，咖啡、可可和橡胶起初多被种植在大中型种植园中。当地农民一般在这些种植园中务工，一段时间后，他们开始在自己的旱稻、农作物田地中套种这些经济作物，为自给农业增加了商业元素。

在农林系统中，农民通常会自发开展多样化种植。在某个地块种植三年水稻或其他粮食作物之后，该地块会被抛荒，直到种植的林木开始有收益，才会重新返回。咖啡短短几年时间便可成材，而对可可来说，生长周期则可能长达15年。随后农民返回该地块，翻整土地，保留有益树木（珍贵的木材和果树），并开始专注种植经济林。只要空间允许，农民一般会种植其他经济树木扩充农林经济收益（Feintrenie，Schwarze 和 Levang，2010）。

即便农林复合系统采用了许多保护环境的做法，但是也无法弥补在建立初期对森林植被和动物栖息地造成的破坏。与单一作物种植园相比，农林复合系统产量和创收能力都偏低，后期农林复合系统会向单一专用人工林种植体系转变。Feintrenie，Schwarze 和 Levang（2010）阐述了三个不同地区的共同发展趋势：苏拉威西岛（种植可可），楠榜省（种植咖啡和硬树胶）和苏门答腊东部（种植天然橡胶）。他们研究发现，农民在森林发展农林业或将农林复合系统转变为单一种植园的主要驱动因素都是为了获取更大的经济效益。

【参考文献】

Austin, **K.G.**, **González-Roglich**, **M.**, **Schaffer-Smith**, **D.**, **Schwantes**, **A.M.** & **Swenson**, **J.** 2017. Erratum: Trends in size of tropical deforestation events signal increasing dominance of industrial-scale drivers (2017 Environmental Research Letters, 5: 054009). Environmental Research Letters, 12: 079601.

Baccini, **A.**, **Walker**, **W.**, **Carvalho**, **L.**, **Farina**, **M.**, **Sulla-Menashe**, **D.** & **Houghton**, **R.A.** 2017. Tropical forests are a net carbon source based on aboveground measurements of gain and loss. Science, 358: 230–234.

Bonan, **G.B.** 2008. Forests and climate change: forcings, feedbacks, and the climate benefits of forests. Science, 320(5882): 1444–1449.

Byerlee, **D.**, **Stevenson**, **J.** & **Villoria**, **N.** 2014. Does intensification slow crop land expansion or encourage deforestation? Global food security, 3(2): 92–98.

Carter, **S.**, **Herold**, **M.**, **Avitabile**, **V.**, **Bruin**, **S.D.**, **Sy**, **V.D.**, **Kooistra**, **L.** & **Rufino**, **M.C.** 2018. Agriculture-driven deforestation in the tropics from 1990–2015: emissions, trends and uncertainties. Environmental Research Letters, 13: 014002.

DeFries, **R.S.**, **Rudel**, **T.**, **Uriarte**, **M.** & **Hansen**, **M.** 2010. Deforestation driven by urban population growth and agricultural trade in the twenty-first century. Nature Geoscience, 3: 178–81.

FAO. 2015. Global forest resources assessment. Rome. 244 pp.

FAO. 2016. State of the world's forests. Forest and agriculture: land- use challenges and opportunities. Rome. 107 pp.

FAO & RECOFTC. 2013. Forests and natural disaster risk reduction in Asia and the Pacific. Policy Brief. Rome, Bangkok, FAO, RECOFTC. 4 pp.

Feintrenie, **L.** 2014. Agro-industrial plantations in Central Africa, risks and opportunities. Biodiversity and Conservation, 23(6): 1577– 1589.

Feintrenie, **L.**, **Schwarze**, **S.** & **Levang**, **P.** 2010. Are local people conservationists? Analysis of transition dynamics from agroforests to monoculture plantations in Indonesia. Ecology & Society, 15(4): 37.

Hosonuma, **N.**, **Herold**, **M.**, **Sy**, **V.D.**, **Fries**, **R.S.**, **Brockhaus**, **M.**, **Verchot**, **L. Angelsen**, **A.** & **Romijn**, **E.** 2012. An assessment of deforestation and forest degradation drivers in developing countries. Environmental Research Letters, 7: 044009.

Rudel, **T.K.**, **Schneider**, **L.**, **Uriarte**, **M.**, **Turner**, **B.L.**, **DeFries**, **R.**, **Lawrence**, **D.**, **Geoghegan**, **J.**, *et al.* 2009. Agricultural intensification and changes in cultivated areas,1970-2005.Proceedings of the National Academy of Sciences, 49(106): 20675–20680.

Samberg, **L.H.**, **Gerber**, **J.S.**, **Ramankutty**, **N.**, **Herrero**, **M.** & **West**, **P.C.** 2016. Subnational distribution of average farm size and smallholder contributions to global food production. Environmental Research Letters, 11: 124010.

Song, **X.P.**, **Hansen**, **M.C.**, **Stephen**, **V.**, **Peter**, **V.**, **Tyukavina**, **A.**, **Vermote**, **E.F.** & **Townshend**, **J.R.** 2018. Global land change from 1982 to 2016. Nature, 560: 639–643.

Sourisseau, **J.-M.**, **ed**. 2015. Family farming and the worlds to come. Dordrecht, Netherlands, Springer.

Tonneau, **J.P.**, **Guéneau**, **S.**, **Piketty**, **M.G.**, **Drigo**, **I.** & **Poccard- Chapuis**, **R.** 2017. Agro-industrial strategies and voluntary mechanisms for the sustainability of tropical global value chains: the place of territories. In E. Biénabe, A. Rival & D. Loeillet, eds. Sustainable development and tropical agri-chains, pp. 271–282. Dordrecht, Netherlands, Springer.

2.4 新的病虫害风险

Aurelie Binot[①] 和 Christian Cilas[②]

概要

气候变化将影响诸多社会和环境因素，因此决定全球人类和动植物种群的健康状况。气候变化还将挑战粮食体系对有害生物和病原体的社会、生物调节能力。在低收入和中低收入国家，粮食体系将面临来自新型害虫、疫情和病原体（包括病毒、细菌、支原体和真菌）的威胁，严重威胁弱势人群健康并可能加剧社会和经济不平等。

气候变化对健康风险的出现和流行病的影响

气候变化导致生态和社会形态的破坏。气候变化会扰乱年度、季节性变化周期，影响对气候较为敏感的病原体分布，导致新疾病出现（Watts等，2017）。有些疾病与生态变化密切相关，例如媒介类疾病，气候变化决定了特定时间、地点病原体媒介和宿主（植物、动物或人类）的存在与否以及存在密度（Roger等，2016）。例如，气候变化使蚊子、虱子和其他传播疾病的寄生虫转移到新地区，威胁当地的粮食体系和人类。疟疾、严重急性呼吸系统综合症（SARS）、登革热和裂谷热等疾病很可能在新地区出现或在某些地区复发，威胁到人类和动物种群的安全与健康。

最近的一项研究发现，原生动物和蠕虫以及依赖媒介如食物、土壤、水传播的大多数重要病原体均对气候因素敏感（敏感程度从63%至82%不等），对温度和降雨尤为敏感。其中，人畜共患病原体似乎比人类或动物病原体对气候更敏感（McIntyre等，2017）。

气候变化与耕作系统集约化、贸易全球化和生物多样性降低等全球问题相结合，气候变化无疑将加速新健康风险的出现，增加媒介传染人畜共患病、农作物病虫害的发生频率，提高抗微生物耐药性。考虑到局地气温升高可能与耐药菌感染率增加相关（Blair，2018），抗生素耐药性与气候变化相纠缠可能是构成未来面临的主要危机之一。

---

① 法国农业国际合作研究发展中心，联合研究部门-动物、健康、领土风险和生态系统，蒙彼利埃F-34398，法国；蒙彼利埃大学，蒙彼利埃F-34090，法国。
② 法国农业国际合作研究发展中心，内部研究部门-害虫，蒙彼利埃F-34398，法国；蒙彼利埃大学，蒙彼利埃F-34090，法国。

对牲畜和农作物生产的巨大影响

气候变化导致宿主和病原体相互作用的变化对牲畜和农作物生产产生一系列影响，威胁粮食安全和人类生活，并可能导致移民和社会不平衡，反过来再次影响宿主和病原体相互作用（图14）。此外，气候变化造成的卫生和植物检疫威胁的增加将阻碍区域和国际贸易，如不制定适当的风险管理措施，低收入国家和中低收入国家将深受其害（粮农组织，2008）。

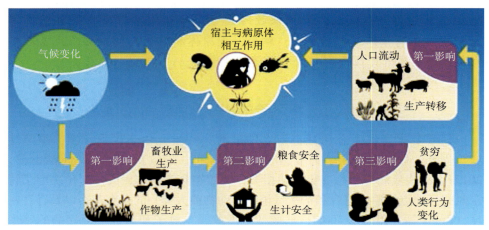

图14　传染病与气候变化因果关系图
资料来源：Heffernan，2018。

就植物和农作物而言，虫害也是重要的植物健康问题，例如萨赫勒地区的蝗虫。病虫害降低了作物的生产力，不利于农业可持续发展，减少了粮食供应并影响了生产质量，在热带农业体系这些威胁尤为明显。气候变化与其他全球变化（例如全球贸易导致人类和动物流动性增强、生物侵蚀以及用地方式的剧烈变化）相结合，改变了植物病虫害的行为方式及其地理分布（War等，2016）。由于环境和农业系统的干扰，真正的风险是病虫害情况的加剧。这与所有农业从业者都密切相关，包括温带国家的农业从业者，他们饱受新型害虫、疾病和杂草广泛传播的威胁。

众所周知，欧洲粮食安全事件频发，令人担忧，虫害、疾病和杂草新类型越来越多。热带国家与此相似，虫害和疾病传播速度惊人。气候变化对热带地区有害生物种群和其自然天敌的影响规律更加难以掌握，目前已知的，包括有害生物、昆虫生命周期的改变、外来生物入侵、疾病爆发、昆虫种群及生存范围的急剧扩张。根据病虫害影响热带农业系统的实例分析，气候变化对有害生物的影响显而易见，必须制定新的农业生态保护策略，促进自然调节功能，可持续地减少虫害和疾病风险（Carvalho，2017）。

最近几十年，病虫害防控极大促进了粮食增产，尽管如此，植物病虫害仍导致全球粮食减产10%至16%，在低收入国家和中低收入国家问题尤其突出（Chakraborty 和 Newton，2011；Campbell 等，2016）。为了更好地评估气候变化对病虫害和粮食生产的影响，我们还需要进行更多建模研究（Cilas 等，2016；Donatelli 等，2017）。

为了降低、预防和控制病虫害影响，人类正通过育种计划研发抗病虫品种，新品种能够遏制病虫害传播并降低对农作物的危害。种植遮荫树可以有效维持田间空气温度，并保护农作物免受多种病虫侵害。此外，遮荫树可以减少气温突变，防止气温突变打破农业系统生物平衡，从而发挥农业系统虫害调节功能。如此一来，农业系统生态功能得以保存，同时还能减缓气候变化对生物多样性的影响。

控制人畜共患病（能够在动物与人之间传播的传染病）要解决的主要公共健康风险是耐药性和环境污染。气候变化对此有不利影响，主要表现在气候变化会打破环境和社会经济平衡。气候变化造成的社会和生态破坏非常复杂，难以准确预测。

尽管对气候敏感的病原体比例很大，但它们对气候变化的反应取决于复杂的驱动因素（McIntyre 等，2017）。因此，通过常规单一部门的应对方法很难解决此类风险。鉴于受到气候变化威胁的粮食体系框架及其对健康和生计的一系列影响，迫切需要一种综合的整体风险缓解方法，以解决与人畜共患病和抗药性相关的疾病。

要管理此类新兴风险，需要采用概念和创新的方法框架，以促进采用一体化的健康方法，例如"同一健康"或"生态健康"方法（Duboz 等，2017）。这些综合方法认可，人类、植物和动物的健康是相互依存的，并与其所生活的生态系统的健康息息相关。它旨在加强跨部门合作，并使不同级别的利益相关者参与。它既是基于科学的运动，又是一种机构运动，促进了系统思维，并涉及社会科学和技术科学共享知识，支持和加强农业系统层面的综合风险管理行动。

解决气候变化影响健康的问题，直接意味着在生态系统层面提高人类和动物种群的韧性，包括隐含其中的经济和粮食体系（如牲畜和农作物生产）的适应性（插文4）。

插文4 水稻种植：气候变化相关疾病传播

在低收入国家和中低收入国家，稻米是最重要的粮食作物，是世界一半以上人口的主粮。从世界上最潮湿的地区到最干旱的沙漠，稻谷在许多国家的不同气候条件下种植。根据联合国的人口预测和粮食与农业政策研究所（FAPRI）的收入预测，全球大米需求预计将从2018年的4.9亿吨（精米）增加到2035年的5.55亿吨。

气候条件的变化正在加速疾病传播。除了现有广泛流传的水稻疾病外，新兴疾病的威胁也日益严重。现有的主要水稻病害有：各处暴发的非洲稻黄斑驳病毒，亚洲东格鲁病和细菌性枯萎病，南美白叶病，中国的绿霉病，亚洲和南美的根瘤菌病。此外，我们还面临着由米糠双歧杆菌引起的蠕虫病在世界上重新出现。蠕虫病在20世纪50年代引起了孟加拉国的饥荒，这种病害目前在全球高发，情况堪忧。在南美，一种叫做伯克霍尔德氏菌的细菌正在扩散。稻米中还存在许多繁殖迅速的害虫，有研究证明存在着一种热带水稻灌溉系统，能够实现高水平的自然生物防治机制，以达到防控虫害的目的（Settle等，1996；Sester等，2014）。上述研究成果支持这样一种管理策略，即通过大量减少使用杀虫剂和增加栖息地异质性，促进对现有自然生物防治的保护。

【参考文献】

Blair, J.M.A. 2018. A climate for antibiotic resistance. Nature Climate Change, 8(6): 460.

Campbell, B.M., **Vermeulen**, S.J., **Aggarwal**, P.K., **Cornerdolloff**, C., **Girvetz**, E., **Loboguerrero**, A.M. & **Wollenberg**, E. 2016. Reducing risks to food security from climate change. Global Food Security, 1: 34–43.

Carvalho, F.P. 2017. Pesticides, environment, and food safety. Food and Energy Security, 6(2): 48–60.

Chakraborty, S. & **Newton**, A.C. 2011. Climate change, plant diseases and food security: an overview. Plant Pathology, 60: 2–14.

Cilas, C., **Goebel**, F.R., **Babin**, R. & **Avelino**, J. 2016. Tropical crop pests and diseases in a climate change setting – a few examples. In E. Torquebiau, ed., D. Manley, trad. & P. Cowan, trad. Climate change and agriculture worldwide, pp. 73–82. Dordrecht, Netherlands, Springer.

Donatelli, M., **Magarey**, R.D., **Bregaglio**, S., **Willocquet**, L., **Whish**, J.P. & **Savary**, S. 2017. Modelling the impacts of pests and diseases on agricultural systems. Agricultural systems, 155: 213–224.

Duboz, R. & **Binot**, A. 2017. Animal and human health: tackling uncertainty through participatory modelling and simulation. Perspective - CIRAD, 41: 1–4.

FAO. 2018. The State of Agricultural Commodity Markets – Agricultural trade, climate change and food security. Rome. 92 pp.

Heffernan, C. 2018. Climate change and multiple emerging infectious diseases. The Veterinary Journal, 234: 43–47.

McIntyre, K.M., Setzkorn, C., Hepworth, P.J., Morand, S., Morse, A.P. & Baylis, M. 2017. Systematic assessment of the climate sensitivity of important human and domestic animals pathogens in Europe. Scientific Reports, 7(1): 7134.

Roger, F., Bonnet, P., Steinmetz, P., Salignonre, P. & Peyre, M. I. 2016. The one health concept to dovetail health and climate change policies. In E. Torquebiau, ed., D. Manley, trad. & P. Cowan, trad. Climate change and agriculture worldwide, pp. 239–250. Dordrecht, Netherlands, Springer.

Sester, M., Raveloson, H., Tharreau, D. & Dusserre, J. 2014. Conservation agriculture cropping system to limit blast disease in upland rainfed rice. Plant Pathology, 63(2): 373–381.

Settle, W.H., Ariawan, H., Astuti, E.T., Cahyana, W., Hakim, A.L., Hindayana, D. & Lestari, A.S. 1996. Managing tropical rice pests through conservation of generalist natural enemies and alternative prey. Ecology, 77(7): 1975–1988.

War, A.R., Taggar, G.K., War, M.Y., & Hussain, B. 2016. Impact of climate change on insect pests, plant chemical ecology, tritrophic interactions and food production. International Journal of Clinical and Biological Sciences, 1(2): 16–29.

Watts, N., Adger, W.N., Ayeb-Karlsson, S., Bai, Y., Byass, P., Campbell-Lendrum, D., Colbourn, T., *et al*. 2017. The Lancet countdown: tracking progress on health and climate change. The Lancet, 389: 1151–1164.

结论：粮食体系适应与缓解——权衡取舍

Céline Dutilly[①] 和 Étienne Hainzelin[②]

粮食体系对气候变化的影响不可忽视，其温室气体排放量占全球年人为排放总量500亿吨二氧化碳当量的19%至29%。其中包括来自农业生产的直接排放、农用土地利用变化的间接排放，以及产前（生产和分配投入）和产后（加工、储存、运输、冷藏、零售和餐饮）活动产生的排放。截至目前，农业生产是低收入和中低收入国家的主要排放源。尽管对绝大多数小规模粮食生产者而言，采用气候适应性和低碳措施存在重重障碍，据史密斯等（2008）估计，整个农业生产的减排潜力可达15亿~16亿吨二氧化碳当量/年，其中70%来自低收入和中低收入国家。但是，这些国家消费量的增加会导致排放量增加，减排收益和温室气体排放效率可能会大幅削减。

毋庸置疑，气候变化将对低收入和中低收入国家产生越来越大的影响。到21世纪中叶，随着平均温度升高、降水变化、海平面上升和极端天气事件的频率和强度增加，粮食产量将出现下滑，粮食安全状况恶化，并且单产不稳定性增加将带来价格波动和相关危机（参见5.3）。不仅如此，低收入和中低收入国家的粮食体系还将面临更多问题：新的病虫害，新出现的病原体如病毒、细菌、支原体和真菌，将严重威胁弱势人群的健康并加剧社会和经济不平等，导致全球健康危机（参见2.4）。

在气候压力加剧的背景下，尚未找到放之全球而皆准的解决方案，来帮助低收入和中低收入国家的农业在减少温室气体排放量的同时，能满足其不断增长的食品需求。如果可以采取行动减缓特定生态系统、地区或粮食体系中的气候变化，例如通过限制高收入国家农业土地利用变化、减少稻谷种植产生的甲烷排放量或限制动物产品的消费等措施，那么低收入和中低收入国家将务必把主要精力用于建立必不可少且适应气候变化的农业系统。首先，政府需要预见生产系统的巨大变化和行动计划的随之转变，研发机构在这一动态过程发挥着至关重要的作用，通过预测趋势，提出不需要社会成本就能采取的措施，并提供短期决策支持和长期观点引领。其次，必须将技术和政策干预措施置于宏观的整体方法内考量，以保持农业在农村地区的多重作用和功能。同时，有必要开发具有韧性的农业景观，减少影响动植物病虫害的扩散。最后，高收入国

---

① 法国农业国际合作研究发展中心，UMR MOISA，蒙彼利埃F-34398，法国；蒙彼利埃大学，蒙彼利埃F-34090，法国。

② 法国农业国际合作研究发展中心，主任，加蒂诺J9H 4S7，加拿大；蒙彼利埃大学，蒙彼利埃F-34090，法国。

家在农业、工业、贸易、移民法规、投资和卫生方面的政策，会对低收入和中低收入国家产生影响，因此有必要加强高收入国家政策的连贯性，推动低收入和中低收入国家采取行动。此外，各国普遍存在关注气候变化责任与气候适应成本区域分配不均衡的问题，因此有必要建立全球性机制，防止贫困的生产者和消费者成为气候变化主要后果的承担者。

【参考文献】

FAO. 2017. Strengthening sector policies for better food security and nutrition results: climate change. FAO Policy Guidance note 5. Rome, 44 pp. (also available at www.fao.org/3/i7217en/I7217EN.pdf).

Smith, P., Martino, D., Cai, Z., Gwary, D., Janzen, H.H., Kumar, P., McKarl, B., *et al*. 2008. Greenhouse gas mitigation in agri- culture. Philosophical Transactions of the Royal Society B: Biolo gical Sciences, 363(1492): 789–813.

3. 环境完整性

3.1　资源的过度开发与资源枯竭

ÉricMalézieux[①] 和 Lionel Dabbadie[②]

概要

世界各地的粮食体系高度依赖可再生和不可再生资源。人口增长、城市化和气候变化等驱动因素给资源带来了巨大压力，这些资源已成为未来粮食体系的核心问题。在世界大多数地区，耕地供应受到限制，加剧了作物集约化生产的压力。预计近几十年化石能源和磷资源将出现短缺，这对低收入国家影响尤甚，这些国家的农民更容易受到价格波动的冲击。与此类似的还有分布严重不均的淡水资源，越来越多的地区水资源匮乏程度令人震惊。不少鱼类资源由于过度捕捞已然枯竭。但好在情况并没到完全无可挽救的地步。虽然我们需要加强粮食体系以应对不断增长的人口挑战，但仍然需要提倡广泛采取对环境影响较小、对气候变化具有强韧性的新生产方式。

世界各地的粮食体系高度依赖可再生和不可再生资源。随着人口不断增长，维持和保有充足的可用耕地、能源、磷、淡水和生物资源，为人类提供充足的粮食，已成为一项重大挑战。

土地利用和土地利用变化

土地利用和土地利用变化已成为未来粮食体系的核心问题。世界上大部分的土壤资源状况很差，并且还在日益恶化。值得一提的是，已经有33%的土地由于侵蚀、盐碱化、板结、酸化和化学污染出现退化（粮农组织，2015）。近年来大部分土地的天然植被和森林遭到破坏，以便用于种植农作物或放牧牲畜，土地侵蚀加剧，造成土壤中碳、养分流失和生物多样性丧失。集约型非可持续农业造成大面积土地退化，其中包括过度使用无机肥和杀虫剂造成的土壤污染。即使在传统农业中，集约化也会导致土壤退化，这在单产水平差距很大的撒哈拉以南非洲尤其严重。该地区农业用地深受侵蚀和肥力丧失的危害：土壤侵蚀占土地退化的80%以上，影响了20%以上的农业用地（粮农组织，2015）。

---

① 法国农业国际合作研究发展中心，联合研究部门-农业生态功能和园艺种植制度表现，蒙彼利埃F-34398，法国；蒙彼利埃大学，蒙彼利埃F-34090，法国。
② 法国农业国际合作研究发展中心，联合研究部门-蒙特利埃进化科学研究所，罗马I-00153，意大利；粮农组织，罗马I-00153，意大利；蒙彼利埃大学，蒙彼利埃F-34090，法国。

此外，除了非洲和南美的某些地区（LeMouël，de Lattre-Gasquet和Mora，2018），扩大农业区域的机会很少。而且，许多可用的额外土地不适合农业生产，将其投入生产的生态、社会和经济成本非常高，有时还会有激烈的竞争。此外，对替代液体燃料的需求已促使农田转向生物燃料生产，从而减少了用于粮食生产的农田。由农作物生产的生物燃料可能会减少粮食供应，加剧价格波动，增加二氧化碳排放并阻碍农村地区的发展。

土地上的压力造成多方面影响。要了解土地利用变化对粮食生产和气候的影响，需要建立新的衡量标准和指标（Searchinger等，2018）。由于土地利用变化和不可持续的农业作法，生物多样性正受到威胁，所提供的生态系统服务受到破坏。栖息地的过度开发或污染使许多物种受到威胁。热带森林面积已在减少和碎片化。海洋生态系统受到威胁，淡水生物多样性正在减少。由于用地压力，农业很大程度上加剧了上述变化，而农业本身也受到了影响。农业集约化导致农业景观的高度同质化以及自然和半自然生境的丧失（Foley等，2005）以及生物多样性的严重丧失。

土地利用变化对低收入国家生物多样性和碳固存的影响更大，且与主要驱动因素——国际贸易紧密相关。在2000年至2011年之间，生物多样性的侵蚀可能跟牛和谷物的产量有关，而固碳减少的主要原因或许与森林和牛的数量有关。生物多样性损失最大的地区是中美洲、南美洲、亚洲和非洲。观察这段时期的相对变化可以看出，对亚洲的影响既有生物多样性的丧失，也有碳固存的影响，这主要同石油生产和林业部门有关（Marques等，2019）。

化 石 燃 料

化石燃料在粮食体系中大量使用。食品部门（包括制造、生产、加工、运输、销售和消费的投入品）约占全球能源消耗的30%，并产生全球20%以上的温室气体（粮农组织，2016a）。但是，世界各地的自给性生产者能量输入非常低，这些能量通常来自人力和畜力。工业化农业需要消耗大量能源来投入化学药品、农业机械、温室作物和灌溉系统。但是依靠增加化石燃料投入的工业化农业系统可能不再行得通。化石燃料供应有限且越来越难以获取，已经影响了世界大部分地区的燃料和粮食价格（粮食安全与营养高级别专家组，2011）。在未来几十年中，这种影响势必会加剧。

磷

磷是农业的另一重要不可再生资源。目前，近90%的磷提取物被用于全球农业粮食体系中，大部分被不可持续地用作作物肥料（Childers等，2011）。农业粮食体系中磷的低效使用对全球水生环境和人类健康构成威胁，绿色革命要求大量增加无机磷的使用。据预测，经济上可行的磷矿藏将在几十年内枯竭，并且作为主要营养素，没有替代品（Cordell 和 Neset，2014）。因此，磷引起粮食短缺是可能的，尤其在发展中国家农民更容易受到肥料价格波动的影响。事实上，非洲是世界上最大的磷矿出口地区，但与欧洲相比，无论就实际价格还是占农场预算百分比来看，撒哈拉以南非洲地区的磷肥都更为昂贵。这意味着即使使用同一来源的磷矿，撒哈拉以南非洲农民获得磷的难度远高于欧洲农民（Cordell，Dranger 和 White，2009）。土壤缺磷已经造成了撒哈拉以南非洲地区农作物减产和粮食生产年际变化的加剧（Vitousek 等，2009），应对未来此类挑战的可持续解决方案存在于人类磷资源闭环中（Childers 等，2011）。

淡 水 资 源

淡水资源和灌溉对于适应气候多变性、气候变化以及提高土地生产力都至关重要。世界上超过70%的可用淡水被用于农业，尽管需要灌溉的耕地面积不足世界总耕地的20%，但其创造的总产值却超过全球40%（粮食安全与营养高级别专家组，2015；粮农组织，2018a）。这种不成比例的贡献归因于灌溉地区更高和更稳定的单产以及更集约的耕作所带来的更高生产力，此外，与雨养相比，种植的农作物价值更高（粮农组织，2018a）。

因此，在将来的条件下可以灌溉多少农田是确定粮食产量的关键问题。非洲只有6%的耕地配备了灌溉设备。在撒哈拉以南非洲，这一数字下降至3.4%，而亚洲为40%（粮农组织，2016b）。最终，将雨养土地转化为灌溉土地的潜力取决于可用的水资源。但是，淡水资源在地球上的分布非常不均匀，越来越多的地区缺水程度惊人。在印度、巴基斯坦和中国的一些地区，地表水和地下水的过度开采已经导致水资源枯竭和环境破坏。灌溉将略微增加对可再生水资源的压力，特别是在近东/北非和南亚受到缺水困扰的国家（粮农组织，2018a）。有必要采取适当的激励措施和技术，如使用滴灌、废水回用、集水和储水等，来减少用水量并提高用水效率（粮农组织，2018b）。

鱼

鱼是全世界健康饮食的重要组成部分，为将近32亿人提供了20%的人均动物蛋白摄入量（粮农组织，2018b）。由于人口增长和饮食变化，全球对鱼的需求持续增长，资源的压力越来越大（插文5）。在许多发展中国家，内陆渔业在粮食安全和营养中也发挥着重要作用，并且其重要性可能被低估了。在一些国家，特别是中国、印度、柬埔寨、印度尼西亚、尼日利亚、俄罗斯联邦和墨西哥，内陆渔业持续增长，但由于淡水是受人类活动（如污染、生境丧失和退化、湿地排水、河流支离破碎和土地管理不善等）影响最大的生态系统之一，人们对内陆渔业的可持续性产生了担忧（Funge-Smith，2018）。

水产养殖是否可以作为减轻野生种群压力的解决方案？目前，70%的水产养殖使用自制或商业饲料喂养。虽然鱼粉和鱼油仍被用作养殖鱼饲料，但新技术的进步使水产养殖成为净生产者：生长一公斤野生鱼的消耗能生产4.5公斤养殖鱼（海洋原料机构，2017）。现在的问题是在填补需求缺口的同时，将环境和社会影响维持在不破坏系统可持续性的范围内。农业生态学以及利用好水产养殖与农业之间的协同作用是可能的解决方案。

可持续农业方法和减少对化石燃料的依赖对于应对粮食安全挑战必不可少，对于过渡到基于可再生能源的可持续粮食体系至关重要。通过减少对化石燃料的高度依赖实现食物链上的"能源智慧"，需要新的政策和制度以及对新农业实践和清洁能源技术的大量投资。

关于未来，饮食演变的考量也很重要。随着收入的增加，人们普遍预测日常饮食中的副食比例会增加（粮农组织，2018c）。在粮食体系层面，预示着非主食类供应链，例如水果和蔬菜，肉和鱼，乳制品和食用油，将出现不成比例地增长，进而带来当地种植系统的变化。解决世界粮食供给问题需要兼容并蓄的新农业发展路径，包括在不破坏森林的前提下有效利用耕地、修复土壤、明智地选择配置用于粮食、动物饲料和能源的农业资源、重复有效利用水资源，同时在化石能源供应日益有限和能源价格相应上涨的情况下，关注全球营养循环、保护生物多样性和生态系统服务以及适应气候变化。尽管为了应对人口持续增长和饮食不断变化的挑战，我们需要加强粮食体系，但必须以保护资源和更适应气候变化的方式来实现目标。

插文5　鱼类资源：为时已晚？

自1974年以来，粮农组织一直在监测世界海洋鱼类种群的状况，着重指出，以不可持续方式捕捞的鱼类种群比例一直在增加，占2015年总量的三分之一（图15）。自1990年以来，捕捞渔业的产量停滞在9000万吨左右，而水产养殖的产量已从20世纪70年代的不到1 000万吨增加到2015年的8000万吨以上（粮农组织，2018b）。正如地中海蓝鳍金枪鱼渔业组织强调，实施可持续渔业管理系统后，一些过度开发的鱼类种群可以得到恢复（Rouyer等，2018），但是一旦超过生态阈值，变化就无法逆转（Ben Rais Lasram、Menard和Cury，2018）。未来，气候变化、污染（包括塑料纳米颗粒）、栖息地退化等新威胁，可能会对野生种群造成新的压力。

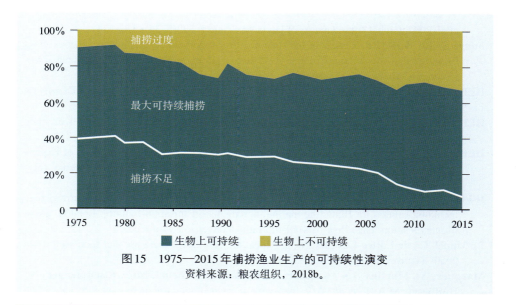

图15　1975—2015年捕捞渔业生产的可持续性演变
资料来源：粮农组织，2018b。

【参考文献】

Ben Rais Lasram, **F.**, **Ménard**, **F.** & **Cury** **P**. 2017 Les océans : un lieu de rencontre pour les Objectifs de développement durable.

In. P. Caron, J.M. Châtaigner, eds. Un défi pour la planète : les Objectifs de développement durable en débat, pp. 287–297. Marseille, France, IRD, and Versailles, France, Quae.

Childers, D., **Corman**, J., **Edwards**, M. & **Elser**, J.J. 2011. Sustainability challenges of phosphorus and food: Solutions from closing the human phosphorus cycle. BioScience, 61(2): 117–124.

Cordell D., **Drangert**, J.O. & **White**, S. 2009. The story of phosphorus: global food security and food for thought. Global Environmental Change, 19(2): 292–305.

Cordell, D. & **Neset T.S.S.** 2014. Phosphorus vulnerability: a qualitative framework for assessing the vulnerability of national and regional food systems to the multi-dimensional stressors of phosphorus scarcity. Global Environmental Change, 24(1): 108–22 [online]. https://doi.org/10.1016/j.gloenvcha.2013.11.005.

FAO. 2011. Energy-smart food for people and climate. Issue Paper. Rome. 65 pp.

FAO. 2015. Status of the world's soil resources. Technical summary. Rome. 79 pp.

FAO. 2016a. Climate change, agriculture and food security. The state of food and agriculture 2016. Rome. 174 pp.

FAO. 2016b. AQUASTAT. [online]. Rome. www.fao.org/nr/aquastat.

FAO. 2018a. The future of food and agriculture – Alternative pathways to 2050. Rome. 204 pp.

FAO. 2018b. The State of World Fisheries and Aquaculture 2018 – Meeting the sustainable development goals. Rome. (also available at http://www.fao.org/3/i9540en/I9540EN.pdf).

FAO. 2018c. How to feed the World in 2050? High Level Expert Forum, Rome. 35 pp.

Foley, J.A., **Defries**, R., **Asner**, G.P., **Barford**, C., **Bonan**, G., **Carpenter**, S.R., **Chapin**, F.S., *et al.* 2005. Global consequences of land use. Science, 309(5734): 570–574.

Funge-Smith, **S.J**. 2018. Review of the state of world fishery resources: inland fisheries. FAO Fisheries and Aquaculture Circular C942 Rev. 3. Rome. 397 pp. (also available at www.fao.org/3/CA0388EN/ca0388en.pdf).

HLPE. 2011. Price volatility and food security. Report by the High Level Panel of Experts on Food Security and Nutrition of the Committee on World Food Security. Rome.

HLPE. 2013. Biofuels and food security. Report by the High Level Panel of Experts on Food Security and Nutrition of the Committee on World Food Security. Rome.

HLPE. 2015. Water for food security and nutrition. Report by the High Level Panel of Experts on Food Security and Nutrition of the Committee on World Food Security. Rome. (also available at www. fao.org/3/a-i3901e.pdf).

IFFO. 2017. Fish in: Fish out (FIFO) ratios for the conversion of wild feed to farmed fish, including salmon. In IFFO, the marine ingredients organisation [online]. London. www. iffo.net/position- paper/fish-fish-out-fifo-ratios-conversion-wild-feed.

Le Mouël, **C.**, **de Lattre-Gasquet**, **M.** & **Mora**, **O.**, **eds**. 2018. Land use and food security in 2050: a narrow road. Versailles, France, Quae.

Marques, **A.**, **Martins**, **I.S.**, **Kastner**, **T.**, **Plutzar**, **C.**, **Theurl**, **MC.**, **Eisenmenger**, **N.**, **Huijbregts M.A. J.**, *et al.* 2019. Increasing impacts of land use on biodiversity and carbon sequestration driven by population and economic growth. Nature Ecology & Evolution, 3(4): 628–637 [online]. https://doi.org/10.1038/s41559-019-0824-3.

Rouyer, **T.**, **Brisset**, **B.**, **Bonhommeau**, **S.** & **Fromentin**, **J.M.** 2018. Update of the abundance index for juvenile fish derived from aerial surveys of bluefin tuna in the western Mediterranean sea. ICCAT Collective Volume of Scientific Papers, 74(6): 2887–2902.

Searchinger, **T.D.**, **Wirsenius**, **S.**, **Beringer**, **T.**, **Dumas**, **P**. 2018. Assessing the efficiency of changes in land use for mitigating climate change. Nature, 564(7735): 249–253.

Vitousek, **P.M.**, **Naylor**, **R.**, **Crews**, **T.**, **David**, **M.B.**, **Drinkwater**, **L.E.**, **Holland**, **E.**, **Johnes**, **P.J.**, *et al.* 2009. Nutrient imbalances in agricultural development. Science, 324(5934): 1519–1520.

3.2　不可逆转的生物多样性丧失风险

Étienne Hainzelin[1]

概要

生物多样性是生态系统服务的驱动力，多年来一直是农业的基础。在过去的一个世纪中，基于改良品种和合成投入品，工业化国家和一些发展中国家的农业高速发展，产量大幅增加，但导致的后果是农业生态系统的人工化以及特定遗传多样性损失严重。反过来，这些损失以不同的方式阻碍了粮食体系发展：生态系统服务水平下降，影响了作物的产量和复原力；作物生物多样性减少；工业化食品加工高度专业化，降低了食品供应的多样性及其营养价值。

生物多样性是粮食体系的基础

生物多样性涵盖"各种来源的所有生物以及它们所组成的生态系统，包括物种内部、物种之间和生态系统之间的多样性"（联合国，1992）。它是生态系统的驱动力，是许多商品和服务乃至人类生存和福祉的起源。但是，生物多样性面临着重大挑战：大多数人类活动都利用生物多样性，同时直接或间接地（例如通过人为气候变化）对其完整性产生威胁。

粮食体系占据了很大一部分人类活动，回应人类的基本需求，并在各个阶段动用了生物多样性。初级粮食生产取决于40%土地上的生态系统功能和服务。食品加工利用了生物多样性（例如发酵），而消费者则通过其肠道微生物群提供的服务，将食品转化为舒适和健康。

同时，粮食体系正通过多种因素和途径对生物多样性施加现实的压力，其中主要因素是自然生态系统向农业的转变。粮食体系与生物多样性之间的相互作用及其多个反馈循环产生着风险，这些风险可能因粮食体系的运作和发展方式而严重加剧。有作者估计，农业通过土地利用和生态系统人工化成为生物多样性的主要威胁之一，这是在三个嵌入其中和相互作用的尺度上进行的，这三个尺度是：生态系统多样性、特定多样性和遗传多样性（粮农组织，2019）。

---

①　法国农业国际合作研究发展中心，主任，加蒂诺J9H 4S7，加拿大；蒙彼利埃大学，蒙彼利埃F-34090，法国。

粮食体系的工业化如何影响生物多样性？

多年来，农业利用生物多样性，在所有大洲广泛的农业系统中驯化并融合植物、动物和微生物，塑造农业景观。创新主要植根于不同规模的生物多样性。20世纪初，北半球的农业生产进入了一个以选定的品种、合成肥料和农药为基础，大量依赖化石燃料进行大规模机械化的过程。这致使农业和粮食体系的工业化，并导致了农业领域的人工化；生物多样性简化为统一且同步的冠层结构，通常由一些主要物种的单一基因型组成，而其余的活生物体作为"限制因素"被系统性消除。

这种转变不仅影响了发达国家的大部分农业用地，还影响了低收入和中低收入国家的某些农业领域，绿色革命也基于同样的理由和原则。市场的全球化加强了这一点，并导致了区域专业化、农作物和动物生产的隔离以及食品加工和分配趋向工业化（Martin 等，2019），生物多样性与农业之间的联系已被打破。由于这些转型极大地提高了产量和规模经济，因此作为实现现代化的途径，对发展中国家非常有吸引力。尽管这些地区的农业仍然非常多样化，但在生产系统、农场规模和集约化水平方面，由于多种路径和模型的共同存在，现代化进程正不断发展（Bosc 等，2015）。

这种演变对农业生态系统中的生物多样性以及其他方面产生了影响。

当生产过程中所消耗的资源超过了生态系统可持续提供的资源时，物种种群和生物多样性就会枯竭。在耕作系统变得更简单（即大规模单作）和更专业化的地区，物种多样性遭到破坏，不仅是作物物种，地上和地下其他分区的生物多样性也遭到了损害。对于复杂的土壤生物群落尤其如此，这些生物群落在很大程度上构成了尚待描述的"隐藏的生物多样性"（粮农组织，2019）。这种侵蚀是不可逆转的，会影响营养链和生态系统服务（De Clerck，2017）。

农药的使用对土地的生物多样性、授粉媒介和土壤生物群等辅助物种都有直接影响。农药通过营养链使农业生产所需的生态系统服务急剧减少（van Lexmond，2015）。由于自然区域和耕地之间的多重联系，这种压力从农业用地延伸到自然区域，无论是在景观还是在区域范围内，都降低了这些领域的复原力。

对作物遗传多样性的影响是一个令人关注和有争议的话题，部分原因是尚无公认的衡量手段（van de Wouw 等，2010）。但是，当传统品种或种族被改良品种取代，显然丧失了其多样性（Khoury 等，2014）。如历史上玉米、香蕉和小麦等许多例子证明，可以在全球产生遗传同质化，并引发抵御虫害的缺陷（国际生物多样性，2017）。

大多数时候，这些生物多样性的丧失是不可逆转的，多项研究表明，整个星球上生物多样性的退化状态早已超越了可持续性的界限（Springmann 等，2019）。

低收入和中低收入国家的粮食体系面临哪些风险？

受侵蚀的生物多样性以不同方式阻碍粮食体系：

第一个主要风险是生态系统（尤其是土壤）对生产的支持能力下降。据报道，一些作物的产量稳定不变，世界上20%的耕地丧失了生产能力（粮农组织，2019）。农业生物多样性受到侵蚀还会引发恶性循环，需要更多的外部投入来维持产量，使农民依赖性增强（Frison 和可持续食物系统国际专家组，2016）。有记录表明昆虫种群和多样性崩溃速度非常快（过去三十多年，生物量以每年2.5%的速度下降），是农业和粮食生产中存在该风险的例证（Sánchez-Bayo 和 Wyckhuys，2019）。

生产多样性的降低会减少特定地区生产的粮食的多样性，要在市场上弥补这一点并不容易（de Clerk，2017；Jones，2017）。在南方国家，农业的工业化进程以及更大型、更专业的农场正在追求规模经济，可能会降低产品的营养价值（Herrero，2017）。以提高产量为目标的大多数公共政策和激励措施加剧了饮食、食物系统和景观多样化降低的风险（插文6）。

在加工阶段，工业化和高度专业化具有显而易见的优势（效率、劳动生产率、每单位食物成本等），但同时会减少食物链的生物多样性，从而降低营养质量和多样性（Remans，2014）。

不断发展和适应的农业生物多样性代表着生命的创造力；对其不可逆转的侵蚀意味着未来创新和适应的能力减弱，尤其在应对气候变化方面。生活在"人类世"时代，我们已经从贫瘠的土地和不稳定的生态系统中认识到生物多样性的有限性。

有研究表明，农业的市场全球亿一直是生物多样性侵蚀的一个推动因素（Khoury 等，2014）。农业市场全球化增加了产品流通和遗传物质交换，并通过侵蚀破坏（即减少商品种类的数量）或暴发风险（即入侵物种和外来有害生物）加强了对生物多样性的干扰。此外，农药和抗生素的广泛使用产生了抗生素耐药性（Morand 和 Lajaunie，2018）和农药耐药性（Heap，2014）的严重问题。

有哪些新兴解决方案？

粮食体系拥有多种多样的资源可以应对这些风险，但前提是其参与者可以在新的基础上进行创新。

生产系统应重新整合地块、农场和景观尺度上的多样性，增加生态服务性不仅有助于支持农作物的生产和保护，而且有利于环境的完整性和健康。

多样化是提高生产营养价值的最佳选择之一（Herrero等，2017；Remans，2014）。

必须保护地上、地下、地里及周边植物、动物和微生物的农业生物多样性，并视其为宝贵的资本。农民参与的原地保护将有力地发挥其应变能力和创新能力。这将会产生以复杂特定组合而不是简化组合为基础的生物技术（粮食安全与营养高级别专家组，2017）。

所有粮食体系参与者和政策制定者都采用了一种全新的方法，即关注价值链各环节的表现，不仅限于产量和生产率，还包括营养和环境足迹（Frison和可持续食物系统国际专家组，2016）。

插文6　作物系统多样化以提升马拉维小农的粮食安全和营养

增加种植系统种内和种间多样性，可提升与作物营养（关闭营养循环、捕获大气中的氮、减少沥滤和径流等）、杂草控制（覆盖、对抗疗法等）和虫害管理（打破虫害循环、生物控制等）有关的生态系统服务。尽管在农户层面，农业多样性并非总能以直接、明显的方式转化为饮食多样性，增加种内和种间多样性的做法也能使得可用的产品更加多样。

在非洲半湿润的热带国家马拉维，70%以上的农村人口生活在贫困线以下，面临严峻的粮食安全挑战。近三分之一的马拉维家庭受到严重的粮食不安全和热量不足问题困扰，50%的5岁以下儿童发育不良，60%学龄前儿童缺乏维生素A，近四分之三的儿童贫血（Nyantakyi-Frimponga等，2017）。

通过在马拉维两个地区进行的大型横断面家庭调查（对象为1000个农场面积小于3英亩[1]的不同小农户），Nyantakyi-Frimponga等人（2017）比较了他们的健康、粮食安全和营养状况。他们使用专门设计的结构化问卷对户主、配偶或家里另一位知情成年人进行了访谈，内容包括他们自我感知的健康状况，以及探究家庭粮食不安全状况的"家庭粮食不安全食物获取情况分级表"（HFIAS）。关键自变量是农业生态学的应用（571个家庭采用，429个家庭没有采用），是一套模仿自然系统的耕作方法，可以增加作物和农业生物多样性，注重与相邻自然景观的相互作用，并通过覆盖物和种植豆科作物来对土壤进行特殊护理。

结果显示，采用农业生态学方法的家庭更有可能达到最佳健康状况。平均治疗效果显示，采用该方法的人处于最佳健康状态的可能性高出12%。

1.英亩是英美制面积单位，1英亩≈0.004047平方千米。

论文得出的结论是，由于农业生态学在半湿润热带地区得到应用，家庭有可能实现作物和饮食的多样化，对于改善粮食安全、丰富营养和提升人类健康状况具有重要意义。

在国家层面，Jones，Shrinivas和Bezner-Kerr（2014）根据马拉维全国典型农户样本数据，认为农场作物和牲畜生产多样性与饮食多样化之间可能存在合理的因果联系。与男性为户主的家庭相比，在女性为户主的家庭以及较富裕的家庭中，农场多样性的增加伴随着更加明显的饮食多样化。豆类、蔬菜和水果的消费与农场生产多样化之间的联系特别紧密。生产系统多样性的增加可能使家庭饮食更加丰富多样。然而这种关系是复杂的，可能受到性别、财富、对家庭决策的控制、家庭农业生产的相对市场导向和农场多样性的具体特性的影响。

Jones（2017）认为，低收入和中低收入国家农业生物多样性、饮食质量和人体测量结果也是相互关联的。对五个数据库的综合评估显示，农业生物多样性与家庭和个人饮食多样化之间一直都存在弱联系，但这种联系的程度随农场现有的多样化程度而变化。农场作物物种的丰富程度增加也会促进幼儿身材的小幅增长。农业多样化可以通过生存和内生途径促进饮食多样化，有可能成为提升低收入和中低收入国家饮食和营养成果的一项重要战略。

【参考文献】

Bioversity International. 2017. Mainstreaming agrobiodiversity in sustainable food systems: scientic foundations for an agrobiodiversity index. Rome, Bioversity International.

Bosc, P.-M., **Marzin**, J., **Bélières**, J.-F., **Sourisseau**, J.-M., **Bonnal**, P., **Losch**, B., **Pedelahore** P. & **Parrot**, L. 2015. Defining, characterizing and measuring family farming models. In J.-M. Sourisseau, ed. Family Farming and the worlds to come. Dordrecht, Netherlands, Springer.

De Clerck, F. 2017. Agricultural biodiversity and the provision of ecosystems services. In D. Hunter, L. Guarino, C. Spillane, P.C. McKeown, eds. Routledge handbook of agricultural biodiversity, pp. 268–284. London, Routledge.

FAO. 2019. The state of the world's biodiversity for food and agriculture. J. Bélanger & D. Pilling, eds. Rome. FAO Commission on Genetic Resources for Food and Agriculture Assessments. 572 pp. (also available at www.fao.org/3/CA3129EN/CA3129EN.pdf).

Heap, I. 2014. Global perspective of herbicide-resistant weeds. Pest Management Science, 70: 1306–1315.

Herrero, M., **Thornton**, P.K., **Power**, B, **Bogard**, J.R., **Remans**, R. Fritz, S., **Gerber**, J.S., *et al.* 2017. Farming and the geography of nutrient production for human use: a transdisciplinary analysis. The Lancet Planetary Health, 1: e33–42.

HLPE. 2017. Sustainable forestry for food security and nutrition. Report by the High Level Panel of Experts on Food Security and Nutrition of the Committee on World Food Security. Rome.

Frison, **E.A**. & **IPES-Food**. 2016. From uniformity to diversity: a paradigm shift from industrial agriculture to diversified agroecological systems. Louvain-la-Neuve, Belgium, IPES.

Jones, **A.D**., **Shrinivas**, **A**. & **Bezner-Kerr**, **R**. 2014. Farm production diversity is associated with greater household dietary diversity in Malawi: Findings from nationally representative data. Food Policy, 46: 1–12.

Jones, **A.D**. 2017. Critical review of the emerging research evidence on agricultural biodiversity, diet diversity, and nutritional status in low-and middle-income countries. Nutrition Reviews, 75(10): 769–782.

Khoury, **C.K**., **Bjorkman**, **A.D**., **Dempewolf**, **H**., **Ramirez- Villegas**, **J**., **Guarino**, **L**., **Jarvis**, **A**, **Rieseberg**, **L.H**. & **Struik P.C**. 2014. Increasing homogeneity in global food supplies and the implications for food security. Proceedings of the National Academy of Sciences, 111(11): 4001–4006.

Martin, **A.R**., **Cadotte**, **M.W**., **Isaac**, **M.E**., **Milla**, **R**., **Vile**, **D**. & **Violle**, **C**. 2019. Regional and global shifts in crop diversity through the Anthropocene. PLoS ONE, 14(2): e0209788.

Morand, **S**. & **Lajaunie**, **C**. 2018. Biodiversity and health: linking life, ecosystems and societies. London, UK, ISTE.

Nyantakyi-Frimpong, **H**., **Kangmennaang**, **J**., **Bezner Kerr**, **R**., **Luginaah**, **I**., **Dakishoni**, **L**., **Lupafya**, **E**., **Shumba**, **L**. & **Katundu**, **M**. 2017. Agroecology and healthy food systems in semi-humid tropical Africa: Participatory research with vulnerable farming households in Malawi. Acta Tropica, 175: 42–49.

Remans, **R**. 2014. Measuring nutritional diversity of national food supplies. Global Food Security, 3(3–4): 174–182.

Sánchez-Bayo, **F**. & **Wyckhuys**, **K.A.G**. 2019. Worldwide decline of the entomofauna: a review of its drivers. Biological Conservation, 232: 8–27.

Springmann, **M**., **Clark**, **M**., **Mason-D'Croz**, **D**., **Wiebe**, **K**., **Bodirsky**, **B.L**., **Lassaletta**, **L**., **de Wries**, **W**., *et al*. 2018. Options for keeping the food system within environmental limits. Nature, 562: 519–525.

United Nations. 1992. Convention on biological diversity. Rio de Janeiro, UN [online] https://www.cbd.int/doc/legal/cbd-en.pdf.

van de Wouw, **M**., **van Hintum**, **T**., **Kik**, **C**., **van Treuren**, **R**. & **Visser**, **B**. 2010. Genetic diversity trends in twentieth century crop cultivars: A meta-analysis. Theoretical and Applied Genetics, 120: 1241–1252.

van Lexmond, **M.B**., **Bonmatin**, **J.M**., **Goulson**, **D**. & **Noome**, 2015. Worldwide integrated assessment on systemic pesticides. Global collapse of the entomofauna: Exploring the role of systemic insecticides. Environmental Science and Pollution Research, 22: 1–4.

3.3　农业外部环境因素对粮食体系的影响

Éric Malézieux[①] 和 Benoit Daviron[②]

概要

健康的环境对于自然和耕种生态系统的正常运作至关重要，因而在粮食体系中发挥着重要作用。包括农业部门本身在内的许多不同来源，都会在不同的环境组成部分（土壤、水和空气）中排放和累积污染物。当污染物含量过高时，生态功能就会因生物多样性和养分循环被破坏、有毒物质以及土壤肥力枯竭而受到影响，并可能导致产量下降，食品受到污染。许多污染物通过沥滤和径流最后进入水中，对水生生态系统产生不利影响，减少鱼类总量和海产品存量。污染物还可能污染食物链，当污染物沿着食物链逐渐发生生物浓缩时，尤其可能造成食物中毒风险。

污染物的多样性和来源

环境是人类活动产生的众多污染物的主要汇集地，涉及所有环境组成部分（土壤、水和空气），具有特定和复杂的动态。污染物有两大类（Edwards，2002；经合组织，2017；粮农组织，2015）：

一是无机污染物主要有重金属（砷、镉、铅、汞等）。镉是可能给农业土壤造成最严重污染的重金属。镉在土壤中流动性高，很容易被吸收并转移到食物链中。

二是有机污染物种类繁多（碳氢化合物、酚类化合物、化肥、农药、微塑料等），由于没有任何生物过程来降解它们（异生物分子）或者降解过程相对缓慢，这类污染物在环境中积少成多。"越来越受到关注的化学品"包括纳米颗粒、药品、化妆品、激素、洗涤剂等产品和某些工业化学品，构成了新挑战，其影响并不总能被了解或衡量。

污染可能有不同的来源（Thangavel，2017），既可以是单一的排放点，就是说控制策略是可行的；也可以是通过空气－土壤-水系统在自然景观层面上更分散的来源，要解决污染问题，需要对这三类环境组成部分进行复杂的分析（可持续粮食体系国际专家组，2017）：

---

① 法国农业国际合作研究发展中心，主任，加蒂诺J9H 4S7，加拿大；蒙彼利埃大学，蒙彼利埃F-34090，法国。
② 法国农业国际合作研究发展中心，UMR MOISA，蒙彼利埃F-34398，法国；蒙彼利埃大学，蒙彼利埃F-340990，法国。

一是大量城市固体废物大多被填埋或焚烧，最终会对地下水和附近耕地生态系统的土壤质量产生影响。有时被用在耕地上污水污泥也可能受到重金属和农药的严重污染（Rodríguez-Eugenio，2018）。

二是许多工业化学品会污染生产地点附近的土地，也会通过排放到水生系统或被风吹散而转移到其他系统中。这些化学品包括重金属、无机气体和挥发性有机化合物（Rojas 等，2016）。

三是农业在世界许多地区都是造成污染的主要因素，污染物为化肥和农药等合成的投入品和动物废弃物（Lelieveld 等，2015）。当施肥过量时，只有一部分化肥被植物吸收，其余的化肥会通过沥滤或径流污染地下水或河流系统。磷酸盐通常还会含有镉等重金属污染物，农用化学品也是土壤和水的主要污染物。有机氯杀虫剂可在土壤中存在数十年，发生生物浓缩，沿食物链最终流向消费者。在动物和鱼类生产中大规模使用的抗生素使得抗药性越来越受到关注（Rodríguez-Eugenio，2018；可持续食物系统国际专家组，2017）。

对粮食体系的影响

影响粮食体系的途径主要有两种：使土地或水生生态系统的生产能力退化和使粮食在不同生产阶段受到污染。污染物的影响将取决于其毒性和持久度，因此重金属的影响比相对短暂的化学品更严重。生态系统从污染物影响中恢复的能力部分取决于其生物多样性、稳定性和是否存在基本功能的替代过程（图16）。

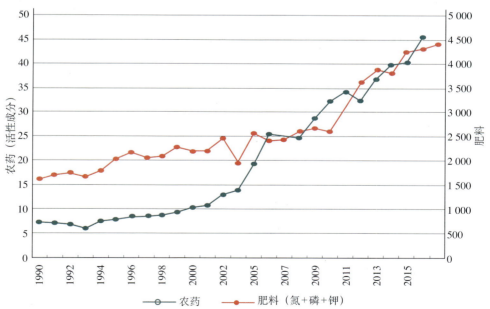

图16　1990—2016年最不发达国家农业化学品使用情况（千吨）
资料来源：粮农组织数据库，查阅于2019年2月15日。

农业生态系统退化和生产潜力降低

不同于有些退化过程，土壤污染无法直接观察到，这使其成为一种隐蔽的危害，一种"隐患"（粮农组织，2018）。由于污染物的多样性（特别是由于农业化学发展而不断变化的持久性有机污染物）、随机循环、通过土壤中的生物活动进行转化以及土壤的储存、固定和降解能力，分析变得更加复杂。然而，在改变环境条件的土地利用方式发生变化后，对土壤的影响可能会突然出现。

土壤污染物的影响是非常多样的，农药等化学品会直接给地表和地下生物群带来毒素。反过来又会通过改变为其他生物提供养分的有机物的有效性、改变植物根际或土壤pH，对土壤生态产生重大影响。这些变化不仅会影响种群大小，还会改变影响生产的陆地生态系统功能（Rodriguez-Eugenio，McLaughlin和Pennock，2018）。

对水生生态系统和鱼类资源的影响

进入水生生态系统的各种有机和无机化合物造成的剧烈或慢性污染，可能会通过直接（毒性）作用或间接作用影响野生和养殖水生物种（Ryder，Karunasagar和Ababouch.，2014）。水产养殖可以通过保证鱼饲料的成分和监测水质来更好地控制风险。

可能影响生态系统和生产系统的另一个污染源是富营养化。富营养化是富含氮磷的有机和无机营养物质排放到水体中造成的。根据其严重程度不同，富营养化可导致物种集聚的变化（伴随微藻或大型藻类繁殖）、生物多样性减少、营养食物网改变或大量鱼类死亡，这是脱氧和缺氧细菌释放有毒气体导致的（van Beusekom，2018）。

塑料污染也越来越令人担忧，特别是微塑料和纳米塑料，它们在内陆水域和海洋中已经无处不在。目前仍没有证据证明塑料污染的实际影响，需要对纳米塑料进行进一步研究，因为它们小到可以穿过细胞膜，进入血液循环（Lusher，Hollman和Mendoza-Hill，2017）。

食物系统污染

食物是人类所接触的这些污染物的主要来源，尽管没有全面的数据，但食物污染给人类健康造成了严重威胁（世卫组织，2015）。周围环境中的重金属无处不在，使动物性和植物性食物受到污染，可能造成慢性或急性中毒以及严重的病症（Rodríguez-Eugenio，2017）。许多有机污染物哪怕浓度非常低，都可以污染人类的食物，例如内分泌干扰物（EDCs）。生物放大过程会增加风险，一些储存在动物脂肪组织中的农药会沿着食物链逐渐集中，直到被人类食用。

协同效应

在自然界中，生物体不仅会接触单一的污染物，而且往往会暴露在各种大量或微量的化学品之中。各种化学物质之间的相互作用（例如抗生素和镉）

可以增加或减弱整体效果（Wang等，2018）。换句话说，所产生的效果可能比简单合并的效果更大或更小，或者保持不变。也有可能一种化合物本身并不具有毒性，但遇到另一种化合物就会变得有毒。生态毒理学正在努力解决这些可能出现的复杂的鸡尾酒效应。

发展中国家的趋势

经历快速工业化的亚洲国家面临着农业土壤的严重污染。例如，化工业和金矿产生的大量汞被排放到环境中（Sari等，2016）。在孟加拉国和印度西部的许多地方，砷也天然存在于地下水中（Rahman，Dong和Naidu，2015；Mojid等，2016）。这对农业，特别是稻田构成了威胁。农药和化肥的密集使用也导致该区域土壤中有机污染物的累积和水体的富营养化。仅在中国，重金属污染就可能导致每年减少1000多万吨的粮食供应（粮农组织，2015）。许多研究表明，蔬菜和其他食品中存在高含量的有机氯（Lam，Pham和Nguyen-Viet，2017）。

在非洲，采矿业、石油业和不当的城市废弃物管理是主要的污染来源。一项对尼日利亚东南部10个奥戈尼人社区的研究表明，石油泄漏造成的污染导致水、空气和土壤中的碳氢化合物和重金属浓度比规定标准高出900倍（联合国环境规划署，2007）。然而，由于用量较少，这里农用化学品造成的土壤污染比世界其他地区的关注度要低，但密集的城郊园艺是个例外，因为那里的地下水经常受到污染（Sorensen等，2015）。还有一些管理不善的例子，如博茨瓦纳和马里报道的案例，在这两个国家，有超过10000吨的农药从损坏的容器中泄漏，污染了土壤，包括非常危险的有机氯化合物，如二氯二苯三氯乙烷（滴滴涕）、艾氏剂和七氯等（Cachada等，2018），参见插文7。

汽油添加剂或电池回收所造成的铅污染的威胁越来越大，这也说明了监管薄弱或者缺位（Gottesfeld等，2018）。

在近东和北非，除了过度使用化肥和杀虫剂外，土壤和水污染的常见原因是用废水灌溉和用污水污泥作为肥料（Mekki和Sayadi，2017）。

插文7　撒哈拉以南非洲地区园艺作物农药使用情况：对粮食体系的威胁与日俱增[1]

虽然撒哈拉以南非洲国家在世界上使用农药最少，但是非洲农业远远不是"默认有机的"。自20世纪70年代，农民就在作物上施撒农药，防治虫害入侵，减少作物损失。那时，农药主要用于出口作物上，例如棉花、咖啡、茶、香蕉和其他热带水果。由于城镇化、饮食习惯转变以及人口的增长，城市的水果和蔬菜需求不断上涨。为了满足这一需求，城市边缘地区的园艺作物产量增加，非洲中部、东部和西部农药进口额在2000至2010年间增长了261%。

不断增长的农药使用造成的风险越来越多的被记录下来。首先，使用的农药质量问题方面有风险。实际上，农药的产量对于目标作物来说并不充足。例如，研究显示在科托努，大多数贝宁农民将用于棉花的农药喷洒在蔬菜作物上。此外，很多时候使用的农药质量并不好，有些是国际上已经过期的库存，也就是说这些农药已经失效了。有些农民使用的农药产品在国际市场被禁止使用，却仍然在非洲市场销售。

对科托努蔬菜农场的研究显示，其使用的15种农药中，仅有2种符合国家规定。此外，研究还显示农民实践的缺乏和农药的误用威胁着他们自身和其家人以及终端消费者的健康。农药喷洒的时机通常也是错的，喷洒农药和销售产品的时间间隔也没有得到重视。也就是说，消费者从市场上买到的蔬菜是不应该被消费的。另外，由于农民缺乏认识、设备落后、农药容器重复用作其他家庭用途、缺少施药指导（有时因为农药进行了重新包装或者使用者不识字）以及农民从以公顷为单位的施用剂量转换为自己小农场的剂量遇到的困难，对人体健康和环境安全构成很大风险。最后，对于某些作物过度使用农药将有很大风险造成抗药性，贝宁的番茄棉铃虫就是很好的例子。

园艺作物农药用量的不断增加，城市的扩张、土地竞争（在较小的土地上生产更多的粮食）以及工业和运输污染加剧了粮食体系的风险，对达成粮食安全目标和环境完整性造成风险。[1]

1.根据De Bon等，2014。

【参考文献】

De Bon, H., Huat, J., Parrot, L., Sinzogan, A., Martin, T.,Malézieux, E. & Vayssières, J.F. 2014. Pesticide risks from fruit and vegetable pest management by small farmers in sub-Saharan Africa. A review. Agronomy for Sustainable Development, 34(4): 723– 736.

Cachada, A., Rocha-Santos, T. & Duarte, A.C. 2018. Soil and pollution: an introduction to the main issues. In A. Cachada, T Rocha-Santos & A.C. Duarte, eds. Soil pollution, Academic Press. pp. 1-28

Edwards, C.A. 2002. Assessing the effects of environmental pollutants on soil organisms, communities, processes and ecosystems. European Journal of Soil Biology, 38 (3–4): 225–231.

FAO & Intergovernmental Technical Panel on Soils (ITPS). 2015. Status of the world's soil resources (SWSR) – Main Lamreport. Rome, FAO. 599 pp.

IPES-Food. 2017. Unravelling the food-health nexus: addressing practices, political economy, and power relations to build healthier food systems. The Global Alliance for the Future of Food and IPESFood.

Lam, S., Pham, G. & Nguyen-Viet, H. 2017. Emerging health risks from agricultural intensification in Southeast Asia: A systematic review. International Journal of Occupational and Environmental Health, 23(3): 250–260.

Lusher, A.L., Hollman, P.C.H. & Mendoza-Hill, J.J. 2017. Microplastics in fisheries and aquaculture: status of knowledge on their occurrence and implications for aquatic organisms and food safety. FAO Fisheries and Aquaculture Technical Paper No. 615. Rome. 147 pp. (also available at www.fao.org/3/a-i7677e.pdf).

Mekki, A. & Sayadi, S. 2017. Study of heavy metal accumulation and residual toxicity in soil saturated with phosphate processing wastewater. Water, Air & Soil Pollution, 228(6): 215.

Mojid, M.A., Hossain, A.B.M.Z., Cappuyns, V. & Wyseure, G.J.S.R. 2016. Transport characteristics of heavy metals, metalloids and pesticides through major agricultural soils of Bangladesh as determined by TDR. Soil Research, 54(8): 970–984.

OECD. 2017. Diffuse pollution, degraded waters: emerging policy solutions. OECD Studies on Water. Paris, OECD.

Rahman, M.M., Dong, Z. & Naidu, R. 2015. Concentrations of arsenic and other elements in groundwater of Bangladesh and West Bengal, India: potential cancer risk. Chemosphere, 139: 54–64.

Rodríguez-Eugenio, N., McLaughlin, M. & Pennock, D. 2018. Soil pollution: a hidden reality. Rome, FAO.

Rojas, R.V., Achouri, M., Maroulis, J. & Caon, L. 2016. Healthy soils: a prerequisite for sustainable food security. Environmental Earth Sciences, 75(3): 180.

Ryder, J., Karunasagar, I. & Ababouch, L., eds. 2014. Assessment and management of seafood safety and quality: current practices and emerging issues. FAO Fisheries and Aquaculture Technical Paper No. 574. Rome, FAO. 432 pp.

Sari, M.M., Inoue, T., Matsumoto, Y., Yokota, K., Isrun, I.J.E. & Research, E. 2016. Assessing a mercury affected area from small-scale gold mining in Poboya, Central Sulawesi, Indonesia. Environment and Ecology Research, 4(4): 223–230.

Sorensen, J., Lapworth, D., Nkhuwa, D., Stuart, M., Gooddy, D., Bell, R., Chirwa, M., et al. 2015. Emerging contaminants in urban groundwater sources in Africa. Water Research, 72: 51–63.

Thangavel, P. & Sridevi, G. 2017. Soil security: a key role for sustainable food productivity. In A. Dhanarajan A., ed. Sustainable agriculture towards food security, pp. 309–325. Singapore, Springer.

United Nations Environment Programme (UNEP). 2007. Global Environment Outlook 4 (GEO-4). Nairobi, UNEP.

van Beusekom, J.E.E. 2018. Eutrophication. In M. Salomon & T. Markus, eds. Handbook on marine environment protection. Springer, Cham [online]. https://doi.org/10.1007/978-3-319-60156-4_22

Wang, J., Wang, L., Zhu, L. & Wang, J. 2018. Individual and combined effects of enrofloxacin and cadmium on soil microbial biomass and the ammonia-oxidizing functional gene. Science of the Total Environment, 624: 900–907.

World Health Organization (WHO). 2015. WHO estimates the global burden of foodborne diseases. Geneva, 255 pp

3.4　大规模土地和水资源收购：如何影响粮食安全？

Ward Anseeuw[①]，Amandine Adamczewski Hertzog[②]，Jean-Yves Jamin[③] 和 Stefano Farolfi[③]

概要

自2007年以来，全球对自然资源趋之若鹜，尤其是对土地和水资源。这是由于2007—2008年粮食价格危机、人口的增长、饮食习惯的改变以及人们寻找金融投资替代产品共同导致的。虽然数据较少，但最近的预测显示近4200公顷土地已被收购（Nolte，Chamberlain 和 Giger，2016）。这些土地不是价值最高、利用不足或是无主的土地，而是与水、基础设施（公路和公共运输）及相关服务等其他资源临近的。这说明资源获取现象嵌入在资源和程序的复杂矩阵中，压力越来越大。即便这样，人们的关注目前仍主要集中在单一领域，关注土地问题而忽略了内在的联系。不过，土地交易中水资源的影响逐渐显现出来。

粮食生产中大规模土地和水资源收购

虽然土地和水资源的收购广泛存在于生产的各个领域，但是其中绝大部分还是用于农业或粮食生产，而且这一比例还在不断扩大（Land Matrix，2018）。加上先前对大型农业企业使用土地的担忧，人们开始全盘考虑更广泛的经济后果，从而引发了对可持续性、粮食安全、与当地耕作体系间竞争、去本地化生产和隐性水资源利用方面的疑问，这些都可能导致粮食危机。

即便2007—2011年达到顶峰的"全球土地热潮"如今已经放缓（主要因为商品价格降低和大量规模收购项目的失败），在新交易继续成形、现有项目进入实施阶段时，有迹象表明多地已对自然资源的攫取更加敏感，尤其是对土地和水资源（Cotula 和 Berger，2017）。

着眼于跨国企业之外，如今本地利益相关方和国家有关程序也在推动以土地收购进行自然资源投资，而在国际土地收购之外，国内投机、腐败和集

---

① 法国农业国际合作研究发展中心，联合研究部门-发展中的行动者、资源和领土（简称UMR ART-DEV），罗马，意大利；国际农业发展基金，罗马I-00142，意大利；蒙彼利埃大学，蒙彼利埃 F-34090，法国。
② 法国农业国际合作研究发展中心，联合研究部门-水资源管理、行动者和领土，圣路易斯，塞内加尔；蒙彼利埃大学，蒙彼利埃F-34090，法国。
③ 法国农业国际合作研究发展中心，联合研究部门-水资源管理、行动者和领土，蒙彼利埃 F-34398，法国;蒙彼利埃大学，蒙彼利埃F-34090，法国。

中化对此的推动越来越突出。其他的趋势突出了国家通过推动土地收购促进经济增长的战略，土地收购不限于农业，也包括工业用途和基础设施建设，从而提高国际贸易的连通性。此外，因土地用途转换和自然资源利用而不断增长的用水和农村用地压力以及城镇化也在发挥着作用。城镇化不仅引发大城市的扩张，也导致了小城镇的人口聚集，因为那里学校、医疗资源、水资源和通信更加便捷。不受监管的土地市场的扩大和土地投机商们也在推动土地收购（Cotula，Anseeuw 和 Baldinelli，2019）。

土地和水资源的潜在联结

由于全球水资源主要用于农业，对于粮食和水资源体系的互补分析尤为重要。"粮食用水"成为撒哈拉以南非洲在减贫、粮食安全和气候变化方面争论的重要口号。水资源既是众人皆知的土地收购现象的目标，也是驱动因素。尽管水和土地之间存在内在联系，但是这一关键因素被完全忽视了（Mehta，Veldwisch 和 Franco，2012）。对投资者来说，土地不总是价值不菲。土地需要有附加物，比如接近水源，这样土地交易就变为有利可图的生意。在有些地区，尤其是撒哈拉地区，土地投资者在干旱时期面临着高风险，保证水源是非常重要的。每一次土地收购也是一次"绿水攫取"，如果是灌溉的土地就变为"蓝水攫取"（Dell Angelo 等，2017）。

不同于土地收购，水资源获取在学术和国际发展领域都没有广泛认同的定义。水资源收购可以被简要定义为，强势方以牺牲当地传统使用者为代价占有水资源，并且常对环境产生负面影响（例如环境服务缺失、将未经处理的废水排入环境、水和土壤污染或恶化等）的情况。

"获取"灌溉水的潜在动力与土地投资可能有些不同，因为其中牵扯到不同层面的许可和权利关系。例如，在土地资源丰富而水资源稀缺的地区，社区可能更支持土地收购，而不愿给予投资者抽取河水和地下水的权利。通常，水资源是大规模土地交易的隐含因素。对于水资源的协议没有包含在土地收购合同中，即便包含了相应内容也会低估其价值。投资者从事农业生产活动所造成的影响，包括小农失去用水权以及大规模土地使用带来的潜在影响，在土地出租中没有得到充分考量（Woodhouse 和 Ganho，2011）。

大型投资项目造成自然资源的争夺

尽管农业领域需要大量投资，但就粮食安全方面，因土地、水和其他自然资源获取产生的问题更麻烦。因为许多此类大型投资项目不仅在生产方面没有对现承诺，在创造就业机会和服务或基础设施开发方面也没有。因此，不仅当地社区失去了原有资源，通过大规模投资的方式解决全世界吃饭问题的愿望也无法实现。

因此而产生的不良后果有很多，不只限于引发土地、水和其他自然资源方面的冲突。在变局之下，农民对土地、自然资源和小农制的价值也产生了新疑问。自然资源纠纷以不同方式影响着不同的用户。例如，在有些国家，牧民群体越来越多的发生土地和水资源冲突，面临放牧土地的丧失和碎片化、迁徙受阻、干旱以及习俗制度的破坏等问题。这些因素加剧了农牧业重叠地区的冲突，比如像东非和西非的许多地区。同样，农业企业的不断发展继续挤压着原住民和农业社区的土地权，他们的生计、粮食体系和社会身份都依赖于此。人们越来越关注与大规模投资项目相关的贫困和依赖性加剧问题。据报道，这种趋势严重影响了土著和农业社区的土地、水和其他自然资源的集体产权（Anseeuw等，2012）。

实际上，在这些新的投资领域，资源竞争可能会改变资源的管理体制，而在水资源方面则远不止这些。土地是固定的，而水是流动的，是水循环的一部分。因此，水资源的征用可能会影响大量的用水户（Franco，Mehta和Veldwisch，2013），并且无疑会对远在下游的社区和人口产生影响，甚至影响到其他国家。因此，用水权分配谈判不仅应涉及地方社区，还需包含各国政府和区域组织，特别是国际流域组织或国家间的协议（例如尼罗河水的争端涉及埃及、埃塞俄比亚、乌干达和苏丹，这是基于20世纪初殖民国之间签署的条约，Cascão和Nicol，2016）

国际政策领域的发展，包括"国家粮食安全框架下土地、渔业及森林权属负责任治理自愿准则[①]"或者"农业和粮食体系负责任投资原则[②]"，都为组织、社区和社会运动倡导对土地和水的管理进行系统改革提供了新的机遇。但是，这些国际框架只在促进执行、推进公平和可持续的发展与粮食安全方面得到了很少的应用。在未来几年中，如果不将这些原则作为国家政策程序的核心，则会存在很大的风险，可能会导致进一步的内乱，对粮食安全和营养产生可怕的后果（插文8）。

插文8　水资源风险：马里尼日尔局地区案例研究[1]

在马里的尼日尔局管辖地区，目前100 000公顷的土地大多是由小农在耕作，但过去十年来已向投资者分配了600 000公顷土地用于大规模耕种（Adamczewski等，2013）。这一过程很大程度上绕过了地方机构（尼日尔局）在区域一级建立的官方程序（Adamczewski-Hertzog等，2015）。2010年至2012年，尽管外国捐助者作出努力来加强尼日尔局的管理，但新土地

---

① http://www.fao.org/cfs/home/activities/vggt/en/
② http://www.fao.org/cfs/home/activities/rai/en/

的分配转移到了国家层面，以重新将土地交易和相关利益的管理中心化。农业部（甚至其他部委和总统府本身）出于政治和其他原因分配土地，而不是出于技术考虑。

尼日尔局专家（前主管部门、咨询公司等）和捐赠人（外国开发机构斥巨资进行土地灌溉开发）了解土地分配的矛盾，但他们不是关键决策人，而是被边缘化了。水资源实际情况和自然条件限制没有得到充分考虑，不断有风险出现。干旱时节对水的竞争很快会成为紧张局面的导火索，尤其是在干旱的年份，优先权问题非常关键。此外，他们也发现可以使用土地并不意味着就能获取水源。投资者（即便他们没在现场）会用尽各种办法协商用水的优先权，避免或降低未来用水短缺的情况。

2012年以后，尼日尔局的决策权得到加强，决定与投资人重新磋商用水权问题谈判，主要针对未开始项目。尼日尔局规划内的土地开发很可能造成水资源重新分配。由于得不到公共资金为农民开发新灌溉的土地，国家向投资者开放可灌溉的空间。用水对保障私营项目至关重要，水资源分配给新的投资人可能会直接或间接减少分配给尼日尔局区域下游用户的水资源，并且将对他们依水而生的生活产生深刻影响。

1.根据Adamczewski-Herzog等，2015。

【参考文献】

Adamczewski A., **Burnod P**., **Papazian H**., **Coulibaly Y.M**., **Tonneau J.P**., **Jamin J.Y**. 2013. Domestic and foreign investments in irrigable land in Mali: tensions between the dream of large-scale farming and the reality of family farming. In S. Evers, C. Seagle and F. Krijtenburg, eds. Africa for sale?: Positioning the state, land and society in foreign large-scale land acquisitions in Africa. Leyde, Brill, pp. 159-180.

Adamczewski-Hertzog A., **Hertzog T**., **Jamin J.Y**., **Tonneau J.P**. 2015. Competition for irrigated land: Inequitable land management in the Office du Niger (Mali). International Journal of Sustainable Development, 18 (3): 161-179. http://dx.doi.org/10.1504/IJSD.2015.070237.

Anseeuw, **W**., **Boche**, **M**., **Breu**, **T**., **Giger**, **M**., **Lay**, **J**., **Messerli**, **P**. & **Nolte**, **K**. 2012. Transnational land deals for agriculture in the Global South. Analytical report based on the Land Matrix Database. Bern/Montpellier/Hamburg, CDE/CIRAD/GIGA.

Cotula, **L**. & **Berger**, **T**. 2017. Trends in global land use investment: implications for legal empowerment, London, International Institute for Environment and Development.

Cascão, **A.E**. & **Nicol**, **A**. 2016. GERD: New norms of cooperation in the Nile Basin? Water International, 41(4): 550–573.

Cotula, L., Anseeuw, W. & Baldinelli, G. 2019. Between advances and deepening concerns: a bottom-up review of trends in land governance 2015–2018. Land, 8(106): 1-13.

Dell'Angelo, J., D'Odorico, P., Rulli, M.C. & Marchand, P. 2017. The tragedy of the grabbed commons: Coercion and dispossession in the global land rush. World Development, 92: 1–12.

Franco, J., Mehta, L. & Veldwisch, G.J. 2013. The global politics of water grabbing. Third World Quaterly, 34(9): 1651–1675.

Hertzog, T., Adamczewski, A., Molle, F., Poussin, J. C. & Jamin, 2012. Ostrich-like strategies in sahelian sands? Land and water grabbing in the Office du Niger, Mali. Water Alternatives, 5(2): 304– 321.

Land Matrix. 2018. Land Matrix public database [online]. [Cited 2 December 2018]. www.landmatrix.org.

Mehta, L., Veldwisch, G.J. & Franco, J. 2012. Introduction to the Special Issue: Water grabbing? Focus on the (re)appropriation of finite water resources. Water Alternatives, 5(2): 193–207.

Nolte, K., Chamberlain, W. & Giger, M. 2016. International land deals for agriculture. Fresh insights from the Land Matrix: analytical report II. Bern/Montpellier/Hamburg/Pretoria, Centre for Development and Environment, University of Bern, CIRAD, German Institute of Global and Area Studies, University of Pretoria, Bern Open Publishing.

Woodhouse, P. & Ganho, A-S. 2011. Is water the hidden agenda of agricultural land acquisition in sub-Saharan Africa? Paper presented at the International Conference on Global Land Grabbing, 6 April 2011, University of Sussex. (also available at https://www.tni.org/files/Watergrabbing%20-%20Wood- house%20paper.pdf.

结论：尊重和恢复环境完整性亟须粮食体系转型

Étienne Hainzelin[①]

粮食体系的革命性道路，尤其是工业化道路自20世纪就开始了，粮食体系工业化导致了很多严重的环境问题，现在依然如此。这些问题与投入生产的有限自然资源有关（土地、石油、磷等），与不可逆的生物多样性损失和生态系统侵蚀，以及对不同环境分区的污染都有关系，尤其是水和土壤。

农业工业化已经对环境产生多层面的影响，甚至在低收入和中低收入国家也是如此。首先，三分之一的农地退化，为全球土壤状况敲响了警钟。土壤对环境保全至关重要，它是不可再生资源，退化可能高、再生速度慢，是宝贵而不为人知的生态系统中的栖息地，而且很明显对高生产率和健康粮食体系来说是重要的资源。

生物多样性是地上和地下生态系统的真正驱动力。在不同压力下，世界各地的生物多样性都遭到严重破坏。在低收入和中低收入国家，这种破坏很大程度上是因为土地和自然栖息地方面的压力以及水和土地的污染引起的。虽然这些地区的生产系统依然具有生物多样性（Herrero等，2017），但以人工化和简单化为基础的集约化进程开始普及，造成更加严峻的新威胁。

最后，粮食体系需要的不可再生资源，包括土地、化石燃料和磷等，耗尽的时间不一，最终都将体现地球的有限性。这些资源无可替代，它们的减少将阻碍粮食体系发展。从理论上讲，一些必不可少的可再生资源（例如淡水）不属于这种有限性，但实际上，它们也受到退化环境的严重影响，并且在许多地区都在减少。世界各地大规模土地和水资源收购总会导致这些问题进一步恶化。

同时，生物多样性的破坏和资源的减少正严重影响粮食体系达成粮食安全目标的能力。这些风险威胁着所有粮食体系所依赖的环境完整性，从生产到消费和废弃，以及保质保量生产足够的食物。在低收入和中低收入国家，粮食生产能力已经受到这些风险的影响，例如由于大量使用农药和合成肥料导致的土壤退化。

迫于诸多难以避免的限制，粮食体系必须生产更多高质量食物。农业工业化实现了令人难以置信的产量，但付出的环境代价却很高，未来世世代代都要忍受贫瘠的资源和受污染的环境。粮食体系急需改造，考虑在健康和生物多

---

① 法国农业国际合作研究发展中心，主任，加蒂诺J9H 4S7，加拿大；蒙彼利埃大学，蒙彼利埃F-34090，法国。

样化的环境中提高生产，其中一些转型强化途径是已知的。简言之，他们想办法形成养分闭环，避免损失、侵蚀和浸出，管理农业废水、以生物防治等新的解决方案来替代农药等，并且彻底减少污染物源。

【参考文献】

Herrero, M., Thornton, P.K., Power, B., Bogard, J.R.,Remans, R. Fritz, S., Gerber, J.S., *et al.* 2017. Farming and the geography of nutrient production for human use: a transdisciplinary analysis. The Lancet Planetary Health, 1: e33–42.

4. 包容性发展

4.1　大规模失业和工作条件恶化的风险

Thierry Giordano[①]，Bruno Losch[②]，Jean-Michel Sourisseau1[①] 和 Pierre Girard[①]

概要

在撒哈拉以南非洲地区（SSA），人口增长、气候变化、低制造业水平甚至过早的去工业化正造成非正规、弱势和极端贫困工人的数量大量增加，特别是其中的年轻人。萨赫勒地区和世界其他地区一样，是粮食危机、社会动荡、暴力冲突和移民的沃土。除了目前构成劳动年龄人口的6亿人之外，2020—2050年将有7.3亿人口成为潜在劳动力，为他们找到体面的工作是这里面临的挑战。

调查大多数发展中国家的劳动力市场的经历发人深省：就业不足是一个普遍现象，工作大多不太稳定，收入很低。弱势就业率[③]为76%。极度和中度的工作贫困率[④]加剧了脆弱性，发展中国家的贫困率高达66%，在妇女和年轻人中比例甚至更高（国际劳工组织，2018）。这些平均值掩盖了高度差异化的情况。撒哈拉以南非洲地区是世界上大多数贫困和弱势工人的所在地，是最令人担忧的地区，不过形势正在发生变化。

撒哈拉以南非洲地区活跃的劳动力市场

由于人口转变未能实现（图17），撒哈拉以南非洲地区的劳动人口有望在未来几十年内大量增加，因此值得特别关注。到2050年，预计全球劳动力增长的69%来自撒哈拉以南非洲[⑤]。这表示约有7.3亿新工人，潜在劳动力总数为13.5亿。预计其中三分之一（4.1亿）是15～24岁的年轻人（联合国，2017）。同时，虽然农村人口所占比例预计将从59%降至42%（联合国，2018），但是预计到2050年，农村人口的绝对数量将从2020年的6.48亿增加到9.09亿。据预测，撒哈拉以南非洲将是世界上唯一一个在2050年后农村人口继续保持良好增长势头的地区。

---

① 法国农业国际合作研究发展中心，UMR ART-DEV，蒙彼利埃F-34398，法国；蒙彼利埃大学，蒙彼利埃F-34090，法国。
② 法国农业国际合作研究发展中心，UMR ART-DEV，开普敦7535，南非；西开普大学，开普敦7535，南非；蒙彼利埃大学，蒙彼利埃F-34090，法国。
③ 弱势就业定义为自给性工人和家庭工作人口就业状态组的总和（国际劳工组织，2018）。
④ 极端工作贫困包括每天人均家庭收入或消费低于1.90美元（PPP）的工人。中度工作贫困包括人均家庭收入或消费在1.90美元（购买力平价）至3.1美元（PPP）之间的工人（国际劳工组织，2018）。
⑤ 潜在劳动力相当于工作年龄人口，例如15～64岁的人群。根据国际劳工组织的数据，劳动人口在严格意义上只包含就业和失业人口。

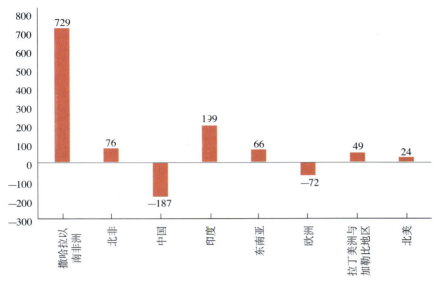

图17　2020—2050年世界主要地区和国家劳动人口增长预测（单位：百万人）
数据来源：Losch（2016）依据2017年世界人口预测更新。

提供体面的就业机会是撒哈拉以南非洲在21世纪所面临的挑战。诸多危机已在该地区蔓延，更多在潜伏之中。创造足够的就业机会将释放巨大的人口红利[1]，促进非洲大陆的经济转型。但是，这如何实现呢？从历史上看，大多数发达国家和新兴国家实现的途径是有益的制度和经济政策以及快速的农业现代化和工业化。然而，撒哈拉以南非洲地区人口和经济转型速度缓慢，似乎不符合这一路径（Losch，2016；Richard，John和Finn，2018）。因此，需要根据非洲经济体的当前动态、潜在的就业结构和家庭适应策略给出新的答案。

大规模失业正在逼近

在低收入国家，2018年有63%的工人受雇于农业领域，只比1991年的数字下降了8%（国际劳工组织，2019）。在撒哈拉以南非洲地区，广义上的农业领域（包含畜牧、农林和渔业）依旧是大部分人的生计来源，大约57%的职业人口在这一领域就业（国际劳工组织，2018）。这些人大部分是小农，为过上体面的生活而努力，从而归入了弱势群体或是贫穷的类型。

替代农业的选择有限，就业机会也没有更好。一方面，撒哈拉以南非洲地区正面临去工业化（第二产业GDP占比减少，建筑业除外），制造业就业机会有限（Rodrik，2016）。2010年，职业人口中9.3%受雇于制造业，2018年这

---

[1]　人口红利是"由于依赖人口/劳动力的比率下降，或自然增长放慢，或两者兼而有之，从而带来了额外的经济增长"（Eastwood和Lipton，2011）。

一数字仅为11%，其中很多人是在食品产业就业（国际劳工组织，2018）[①]。另一方面，服务业有所升温，职业人口中32%的人在服务业从业，但是大多数是低产出和非正式的工作。即便现在的体制和结构性问题得到解决，未来几年自动化的大趋势也很可能会限制制造业和服务业的工作岗位。

面临严峻的就业环境，每家每户采取分散收入来源的方式来应对，其中包含多种流动方式，模糊了农村和城市的边界，结合了不同类型的生产活动和收入来源。在农村，虽然非农活动快速增多，但不一定都是高产出工作，因此农业活动依然是农村经济的支柱（Losch，Fréguin- Gresh和White，2012）。这些相互作用在设计和实施新增就业岗位时必须要考虑在内。

如果没有相应的政策支持稳定有益的经济和体制环境，撒哈拉以南非洲地区将面临经济增长受限、大量失业和就业不足的风险。如果因气候变化、农业持续集中化以及不适当的农村发展政策迫使农民脱离农业，这种情况可能会急剧恶化。因此，目前迫切需要结构转变新形式，更加关注在粮食体系中创造体面就业的潜力。

创造体面就业岗位面临风险

在撒哈拉以南非洲，食品行业是最大的雇主。以西非为例，食品行业就业人数占总就业人数的66%。大约78%的岗位在农业领域，15%在市场营销领域，5%在加工领域。在就业妇女中，有66%的人受雇于食品行业，如街头小吃、食品加工和食品营销等领域（Allen，Heinrigs和Heo，2018）。

预计人口增长将导致食品需求上升，城镇化进程持续，城市人口比重上升。到2050年，这一比例将从2020年的0.71，翻倍至1.38。与此同时，世界各地城镇化的一般规律之一是其对饮食的影响，人们从以淀粉类的主食为主转变为更丰富的饮食结构，包括水果蔬菜、肉类和加工食品[②]。由于质和量上的变化，食品市场估值在2030年将增长三倍，从2010年的3130亿美元到2030年的1万亿美元（Byerlee等，2013）。此外，随着交通和通信费用的降低，饮食上的转变将为非洲国家出口加工食品和高价值作物带来机遇。

然而，由于主要生产力和竞争性问题，这样的转变要么会提供大量的就业岗位，要么将导致食品行业大面积裁员。事实上，非洲饱受收益率差的严重困扰，资本密集型农业和大型农业企业是短期的解决办法，但是可能会导致工人脱离农业，对他们的收入和粮食获取产生巨大影响。劳动密集型的解决方案是另外的选择，如生态农业，可以同时解决可持续性和自然资源管理问题。农

---

① 这一数据存在巨大争议。国际劳工组织的预计是基于各国提供的劳动力数据，而Fox等（2013）的数据是基于不同的国别调研，提供的预测数字仅为2.6%。
② 参见5.4饮食变化的有关风险。

业对发展模式的重要性和劳动力密集程度也有相似的考量。小型和中小型农产品加工企业可以提供大量的就业机会，尤其是在农村地区。

但是，就业政策主要通过提升职业技能，特别是针对青年人和妇女的技能培养着力解决就业市场供给侧的压力。缺乏对发掘粮食体系中的就业机会的整体战略，也缺少对中小企业良好营商环境需求的关注，缺少为他们提供适当的财政政策、创业服务和点对点培训项目。

综合性策略将要改善粮食体系□的工作条件。农业食品领域的表现不佳，与童工问题、性别和年龄不平等、劳工法不健全和实施不利（导致对职业安全健康的忽视）以及缺乏对工人组织的宣传相关。

粮食体系将不是结构转型的唯一动力，但其可以为包容性经济增长、减贫和粮食安全做出重大贡献，并对经济和社会的其他方面产生重大溢出效应。当前对适当策略的支持，需要的是理解农业和粮食体系中劳动力以及不同发展模式和现代化政策，以及它们对创造就业机会的影响（插文9）。

插文9 地方层面经济多样化不平衡和就业问题：以马里和马达加斯加的两个地区为例[1]

和撒哈拉以南非洲的大多数农村地区一样，马里的塞古地区（62500平方公里）和马达加斯加的瓦基南卡拉特拉地区（19000平方公里）的特征是其地区首府（塞古和安塞拉贝）人口急剧增加。然而，在这两个地区，村庄如雨后春笋般涌现，人口越来越密集。

尽管有尼日尔局在塞古的灌溉工程和安西拉贝省以工业为目标的经济特区，当地经济仍以非正规部门（已有工作岗位的97%）为基础，主要以家庭农业为主，小型城市企业和手工业制造要少得多。除了缺乏基本的公共设施外，居民还强调了财产和人员安全的必要性。每个妇女至少有四个孩子的大家庭，是抵御不确定性的最佳保障。农业食品业是工业化和经济增长的重要希望（大部分非正规手工业面临廉价进口），但机会仍然有限。

从2015年到2035年，塞古地区的人口预计将从250万人增至420万人，而瓦基南卡拉特拉地区的人口将从200万人增至310万人。到2035年，塞古共计将创造100万个工作岗位，瓦基南卡拉特拉70万个工作岗位。创造就业岗位的速度有望翻倍。即使预计移民会增加，但一定跟不上人口增长的速度。由于土地和劳动生产率未能提高以及向外移民未能增加，塞古和瓦基南卡拉特拉地区将不得不扩大耕地面积，分别从140万公顷扩大到250

万公顷和22.1万公顷扩大到30万公顷，这将加剧对自然资源的竞争，从而造成潜在冲突。

在这两个地区，应优先考虑家庭农场，因为它更有可能提供就业机会应该探索可能会改善经济社会绩效的劳动密集型生态农业的前景，以及加强支持二级城市上游和下游活动的价值链。这需要重新调整对农村城镇和中间城市的城市政策，整合地区首府，提供所需的服务和基础设施，从而实现活动和工作多样化。实现权力下放过程和地方机构赋权至关重要。

---

1. 根据Sourisseau等，2017。

【参考文献】

Allen, T., **Heinrigs**, P. & **Heo**, I. 2018. Agriculture, food and jobs in West Africa. West African Papers 14. Paris, OECD Publishing.

Byerlee, D., **Garcia**, A.F., **Giertz**, A., **Palmade**, V. & **Palmade**, V. 2013. Growing Africa – Unlocking the potential of agribusiness: main report. Washington, DC, World Bank.

Eastwood, R. & **Lipton**, M. 2011. Demographic transition in sub–Saharan Africa: how big will the economic dividend be? Population Studies (Cambridge), 65(1), 9–35 [online]. https://doi.org/10.1080/00324728.2010.547946.

FAO. 2016. Incorporating decent rural employment in the strategic planning for agricultural development. Guidance Material #3. Rome. 104 pp.

FAO. 2017. The State of Food and Agriculture 2017. Leveraging food systems for inclusive rural transformation. Rome. 161 pp.

FAO. 2018. The State of Food and Agriculture 2018. Migration, agriculture and rural development. Rome. 175 pp.

FAO, IFAD, UNICEF, WFP & WHO. 2018. The State of Food Security and Nutrition in the World 2018: building climate resilience for food security and nutrition. Rome, FAO. 184 pp.

Filmer, D., **Fox**, L., **Brooks**, K., **Goyal**, A., **Mengistae**, T., **Premand**, P., **Ringold**, D., *et al.* 2014. Youth Employment in Sub-Saharan Africa. Washington, DC, International Bank for Reconstruction and Development / World Bank Group.

International Labour Organization (ILO). 2018. World employment and social outlook: trends 2018. Geneva, ILO.

International Labour Organization (ILO). 2019. World employment and social outlook: trends 2019. Geneva, ILO.

Leavy, J. & **Smith**, S. 2010. Future Farmers? Exploring youth aspirations for African agriculture. Policy Brief 037. Brighton, UK, Futures Agricultures Consortium.

Losch, B. 2016. Structural transformation to boost youth labour demand in sub-Saharan Africa: the role of agriculture, rural areas and territorial development. Employment working paper 204. Geneva, International Labour Organization.

Losch, **B**., **Fréguin-Gresh**, **S**. & **White**, **E.T**. 2012. Structural transformation and rural change revisited. Washington, DC, World Bank.

Rodrik, **D**. 2016. Premature deindustrialization. Journal of Economic Growth, 21(1), 1–33.

Richard, **N**., **John**, **P**. & **Finn**, **T**. 2018. Industries without smokestacks: industrialization in Africa reconsidered. Oxford, UK, Oxford University Press.

Sourisseau, **J.M**., **Bélières**, **J.F**., **Bourgeois**, **R**., **Soumaré**, **M**., **Rasolofo**, **P**., **Guengant**, **J.P**., **Bougnoux**, **N**., *et al.* 2017. Penser ensemble l'avenir d'un territoire. Diagnostic et prospective territoriale au Mali et à Madagascar. Paris, AFD, 174 pp.

United Nations. 2017. World population prospects: the 2017 revision, key findings and advance tables. Working Paper ESA/P/ WP/248. New York, UN.

United Nations. 2018. World urbanization prospects: the 2018 revision. New York, UN.

World Bank. 2017. Future of food: shaping the food system to deliver jobs. Washington DC.

Yeboah, **F.K**. & **Jayne**, **T.S**. 2018. Africa's evolving employment trends. Journal of Development Studies, 54: 803–832.

4.2　食品价值链升级　小农户面临风险

Guillaume Soullier[1]，Paule Moustier[2] 和 Frédéric Lançon[1]

概要

大型农业企业推动了部分食品价值链升级。本章介绍了小农无法从这种升级中受益的风险。第一个风险是升级不会覆盖到所有食品价值链，从而产生地域间的不平等。第二个风险是参与升级小农户是条件最好的，而最贫困的农户被排除在外。第三个风险是参与升级的小农户在与大型农业企业在讨价还价时处于弱势。结果是大多数小农户无法通过食品价值链升级获得更高的收入。

传统食品价值链中的贫困小农户

2013年，极端贫困人口占全球总人口的10.7%（世界银行，2016）。其中，50.7%的贫困人口居住在撒哈拉以南非洲，33.4%在南亚。年龄大于14岁的贫困工人中，65%在农业领域工作（世界银行，2016）。

小农户的特征是生产资料有限，在家庭层面实施管理，通常其法律地位是非正式的（Bélières等，2015）。该定义主要涉及农业生产者，但可以扩展到下游经营者，他们以有限的资产开展贸易、加工和零售活动。小农户包括社会边缘化群体，例如妇女、年轻人和少数民族。这些群体获得的资源比其他群体少，机会也比其他人少（De La O Campos等，2018）。

小农户在不确定的环境中经营，获取生产资源的机会有限（Devaux等，2016）。这限制了他们进行创新和质量管理以及进入产出市场的机会。因此，他们进入了传统的食品供应链，产品质量参差不齐，收入也很低。在国内供应链和主粮供应链上尤其如此。

价 值 链 升 级

大型农业企业对生产、储存和加工新技术进行投资，在低收入和中低收入的国家也是如此。他们可以利用银行信贷，获取技术和信息。他们规定最

---

① 法国农业国际合作研究发展中心，UMR ART-DEV，蒙彼利埃F-34090，法国；蒙彼利埃大学，蒙彼利埃F-34090，法国。
② 法国农业国际合作研究发展中心，UMR MOISA，蒙彼利埃F-34090，法国；蒙彼利埃大学，蒙彼利埃F-34090，法国。

终产品的属性，开发新的经营模式控制供给。他们实行的合同农业，就是企业与农民之间的销售协议，在生产前双方达成共识，为农民提供资源或服务 (Ton 等，2018)。合同农业通常包含设立的标准，例如一系列产品属性的质量标准。一些大型农业企业也会选择分层次供给。

大型农业企业的起源、从事活动和经营领域各不相同，因此，不同升级模式共存。超市革命与零售业的大规模投资、供应体系的集中化和实施垂直化协作有关。这场悄无声息的革命与投资改善加工和存储以及从小农处直接采购有关 （Reardon 等，2012；Soullier 和 Moustier，2018）。

目前尚不清楚小农户是否能够抓住食品价值链升级的机会。本章讨论了小农户无法从价值链升级中受益的风险，并对食品价值链升级对减少贫困和不平等方面的贡献提出质疑。

风险1：升级不能影响整个食品价值链

升级不能影响整个食品价值链，从而导致了地区的不平衡。部分地区的一些因素造成了成本消耗和不确定性，从而阻碍了农业投资（Barrett 等，2012)，包括基础设施质量（例如道路、灌溉和贮存设施）、安全程度、制度环境、农业生态条件以及与优质产品市场的贴近度。

结果是，许多食品链没有得到升级。撒哈拉以南非洲的一些国内食品链几乎没有得到任何投资或创新（Soullier 和 Moustier，2013)。的确，国内产业链瞄准的是国内需求，无法从优质产品需求的变化中受益，面临各种不确定性，几乎没有收入。当面对需求减少、进口产品和农业企业的竞争时，一些传统的价值链也可能消失。在巴西的牛奶行业中就已经观察到这种情况，在20世纪90年代后半段，由于无法投资进行巴氏杀菌，有60 000名小型奶农倒闭，(Reardon 和 Berdegue，2002)。所以食品链升级地域覆盖范围的不平等，往往会加剧地区之间的不平等。在撒哈拉以南非洲和南亚的有些地区尤其如此，由于这两个地区的极端贫困人口占世界的84%，所以会造成重大的风险（参见第4.3章）。

风险2：条件差的小农户被排除在食品链升级之外

大型农业企业选择的商业模型和供应商能够最好满足他们对产品质量的需求，降低成本和不确定性（Barrett 等，2012)。他们往往偏好条件更好的小农户，他们具备相应技术、产生规模经济、发生交易成本低。比方说，大多数为越南超市供货的农民生活在贫困线以上（Moustier 等，2009)，而贫困的小农户得不到贷款，无法进行投资来满足农业企业的合同要求。

因此，食物链升级所能涉及的小农户十分有限。通过对26个案例进行整合分析，Ton 等发现，案例中61%的合约农民土地更多，或者拥有的非土地资产比非合同农民多。然而，也是有例外出现的，特别是劳动力密集的活动和集体活动的时候（Reardon等，2009）。但是，这种案例很少见，而且在发展中国家，"合同农业中家庭农场所占比例可能在1%～5%"。虽然记录不详实，下游的小农户在食物链升级中的包含情况也会是相似的结果。

某些情况下，农业企业促进农业生产的提高，被农业升级排除在外的小农户可以在传统食物链中继续他们的活动。然而，他们依然被困在低收入活动中。另外一些情况下，产量提高不足，小农户面临被大型农业企业取代的危险。这种情况已经在亚洲国家发生，大中型磨坊代替了小规模磨坊（Reardon等，2012）。在这种情况下，有些人成为了大型农业企业的雇员（粮农组织，2015），但并不是全部，因为这些企业是资本密集型而非劳动密集型企业。此外，这些受雇的小农户也并没有拿到更多的收入。

风险3：小农户即便参与升级，也并非总会受益

产业升级可能导致权利的不对称。事实上，大型公司整合了产生最多附加值的活动，将那些风险较高、利润较低的活动外包（Gereffi，Humphrey和Sturgeon，2005）。他们常常把农业生产外包给小农户，合同中包含了风险转移机制。大型农业企业也可能会投机取巧，延迟付款、不付款、降低价格或拒绝产品（Barrett等，2012）。有些政策试图平衡价值链中的权力关系，比如通过多方平台或行业协会。但是，多方伙伴关系也可能导致排他行为（粮食安全与营养高级别专家组，2018）。

结果是，即便参与升级，那些小农的收入可能也不会增加。订单农业让农民收入平均增加了38%，这是得益于投入的增加和质量管理的提升（Ton等，2018）。但是在这些数据背后，隐藏了一种偏见，捐助人和政策制定者更愿意认可和发表显示积极影响的研究结果。

但是，垂直协作方式对小农的福利没有影响或产生负面影响。例如，塞内加尔的水稻种植者之所以接受生产合同，仅仅是因为这是为水稻种植提供资金的唯一途径，但他们的收入比使用银行信贷和水稻现货交易的生产者低了近13%。为什么？因为生产合同中包含高昂的利率和保险费率（Soullier和Moustier，2018）。此外，产品和价值链的特殊性决定了积极和消极影响。高价值产品的出口价值链比国内主粮价值链对小农福利产生积极影响的可能性更高。由于数以百万计的家庭农民仅参与国内的主粮价值链，因此可能对消除贫困造成严重阻碍。

最后，升级可能加剧食品价值链中的收入不平等。随着价值链升级，总附加值增加，但分配方式对小农户不利（Reardon等，2009，2012）。参与升级的小农户获得的绝对值增加，但是他们在整个价值链增加值所占的比例会减

少，小农与大型农业企业之间的收入不平等会加剧。例如，孟加拉国水稻价值链的升级令优质稻米生产成为可能，但生产者在总附加值中所占的份额却从69%降至38%（Reardon等，2012）。在塞内加尔也观察到了类似的情况，稻米链的升级使农民在总附加值中的份额从60%降至37%（图18）。在尼加拉瓜，蔬菜价值链的超市革命也显现了相似的趋势（插文10）。但是，也有一些例外情况，在越南，农民组织为改善荔枝的质量做出了贡献（Moustier等，2010），并确保总附加值从25%增加至42%（Moustier，2009）。这些不平等在不同食品链间存在差异。与提供易腐产品和包含中间商的价值链相比，当产品可以储存时，价值会更集中在批发层面。

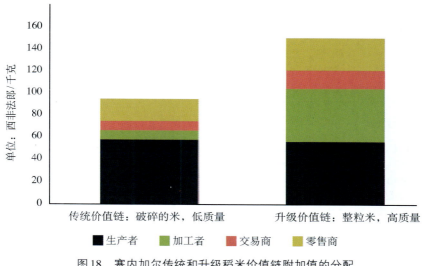

图18　塞内加尔传统和升级稻米价值链附加值的分配
资料来源：Soullier，2017。

插文10　尼加瓜拉的超市加剧了不平等吗？[1]

在尼加拉瓜，进行园艺（西红柿、青椒、生菜和卷心菜）生产的农场生产结构不同。大约三分之二是雨养农场，其余是灌溉农场。在灌溉农场中，半数是占地超过7公顷的大农场。在20世纪90年代以前，这些农场大多在传统的价值链中销售产品，由小规模收贷商和零售商组成。然后，由两家公司通过建立超市来升级园艺价值链：国内公司拉科洛尼亚（La Colonia）和国际公司沃尔玛。2009年，尼加拉瓜有65家超市。这些超市经常以合同方式购买园艺产品，设定质量标准。他们从交易和采购成本最低的农民那里购买园艺产品。因此，他们倾向于从最大的农场或合作社、运输成本最低的农场采购。超市也更喜欢从灌溉农场采购，因为与雨养农场相比，它们可以全年持续供应产品。

结果，位于偏远地区，雨养种植作物的小农场农民参与价值链升级的机会大大降低。此外，超市规定了质量标准，明确了品种、尺寸、颜色、清洁度、损坏程度和重量。平均来说，超市接受了70%的产品，拒绝了其余的30%。与之相反，传统的价值链接受各种大小和等级的产品，为超市拒绝的产品提供了销售渠道。此外，研究表明，向超市售卖产品的农民没有得到比传统价值链更高的价格。拉科洛尼亚以接近于传统市场的价格购买蔬菜。由于沃尔玛的价格与传统市场相比更稳定，因此沃尔玛甚至以低于市场价格35%的价格购买西红柿。不过，这个价格可能包含了过高的价格风险保险。

1.根据Michelson，Reardon和Perez，2012。

【参考文献】

Barrett, **C**., **Bachke**, **M**., **Bellemare**, **M**., **Michelson**, **H**., **Narayanan**, **S**. & **Walker**, **T**. 2012. Smallholder participation in contract farming: comparative evidence from five countries. World Development, 40(4): 715–730 [online]. https://doi.org/10.1016/j.worlddev.2011.09.006.

Bélières, **J.-F.**, **Bonnal**, **P.**, **Bosc**, **P.-M.**, **Losch**, **B.**, **Marzin**, **J**.& **Sourisseau**, **J**. M. 2015. Family farming around the world: definitions, contributions and public policies. M.-C. Thirion & P.-M. Bosc, eds. Paris, AFD and CIRAD. (also available at http://publications.cirad.fr/une_notice.php?dk=576161).

De La O Campos, **A.P.**, **Villani**, **C**., **Davis**, **B**. & **Takagi**, **M**. 2018. Ending extreme poverty in rural areas – Sustaining livelihoods to leave no one behind. Rome, FAO.

Devaux, **A**., **Torero**, **M**., **Donovan**, **J**. & **Horton**, **D**., eds. 2016. Innovation for inclusive value-chain development: successes and challenges [online]. Washington, DC, International Food Policy Research Institute [online]. https://doi.org/10.2499/9780896292130

FAO. 2015. The State of Agricultural Commodity Markets 2015-16.Rome. 77 pp.

Gereffi, **H**., **Humphrey**, **J**. & **Sturgeon**, **T**. 2005. The governance of global value chains. Review of International Political Economy, 12(1): 78–104 [online]. https://doi.org/10.1080/09692290500049805.

Michelson, **H**., **Reardon**, **T**. & **Perez**, **F**. 2012. Small farmers and big retail: trade-offs of supplying supermarkets in Nicaragua. World Development, 40(2): 342–54 [online]. https://doi.org/10.1016/j.worlddev.2011.07.013.

Moustier, **P**. 2009. Gouvernance et performance des filières alimentaires au Vietnam. Économies et sociétés, 31(11): 1835–1856.

Moustier, **P.**, **Tam**, **P.T.G.**, **The Anh**, **D.**, **Binh**, **V.T.**, & **Nguyen**, **T.T.L.** 2010. The role of farmer organizations in supplying supermarkets with quality food in Vietnam. Food Policy, 35(1): 69– 78 [online]. https://dci.org/10.1016/j.foodpol.2009.08.003.

Reardon, **T.**, **Barrett**, **C.**, **Berdegué**, **J.** & **Swinnen**, **J**. 2009. Agrifood industry transformation and small farmers in developing countries. World Development, 37(11): 1717–1727 [online]. https:// doi.org/10.1016/j.worlddev.2008.08.023.

Reardon, **T.**, **Chen**, **K.**, **Minten**, **B**. & **Adriano**, **L**. 2012. The quiet revolution in staple food value chains: enter the Dragon, the Elephant, and the Tiger. Metro Manila, Philippines, Asian Development Bank and International Food Policy Research Institute. (also available at http://ebrary.ifpri.org/utils/getfile/collection/p15738coll2/ id/127312/filename/127523. pdf.

Soullier, **G**. 2017. Modernization of domestic food chains in developing countries: what effects on small-scale farmers? The rice value chain in Senegal. Economics, University of Montpellier. (PhD dissertation).

Soullier, **G**. & **Moustier**, **P**. 2013. The dominance of relational governance in African food value chains: a long way towards the Asian quiet revolution? Paper presented at the 140th Seminar of the European Association of Agricultural Economists, December 13-15, Perugia, Italy.

Soullier, **G**. & **Moustier**, **P**. 2018. Impacts of contract farming in domestic grain chains on farmer income and food insecurity. Contrasted evidence from Senegal. Food Policy, 79: 179–198 [online]. https://doi.org/10.1016/j.foodpol.2018.07.004.

Ton, **G.**, **Vellema**, **W.**, **Desiere**, **S.**, **Weituschat**, **S.**, **D'Haese**, **M**. 2018. Contract farming for improving smallholder incomes: What can we learn from effectiveness studies? World Development, 104: 46–64 [online]. https://doi.org/10.1016/j.worlddev.2017.11.015.

World Bank. 2018. Piecing together the poverty puzzle [online]. Washington, DC. https://doi. org/10.1596/978-1-4648-1330-6.

4.3 地域不平衡加剧

Thierry Giordano[①], Bruno Losch[②], Jean-Michel Sourisseau1 和 Élodie Valette[①]

概要

在许多国家，空间不平等现象日益严重，以致危及贫困地区的繁荣、稳定和安全。目前，在撒哈拉以南非洲，这是由于人口和城市网络的不平等造成的，反映了延续的殖民地发展格局和过去发展政策的薄弱或不平衡。大城市迅速发展，基础设施和公共产品集中化。中间城市和小城镇已被遗忘，基本得不到中央政府的支持。区域发展方式几乎不存在，也就是说多维度的不平等问题无法得以解决。

空间不平等：从潜在威胁到危机

许多国家面临严重的经济和社会不平等，特别是在收入、就业机会和服务方面。但是，在发展中国家，数据还是太少，无法通过具体案例来量化空间层面的不平等性。通过国家之间和国家内部的多维贫困分布情况，可以了解这些不平等现象。例如，仅在撒哈拉以南非洲和南亚就有11亿贫困人口，占世界多维贫困人口的83%[③]。撒哈拉以南非洲地区约有3.42亿人处于极端贫困[④]，占世界极端贫困人口的56%（牛津贫困与人类发展中心，2018）。从地域上看，农村地区的多维贫困更为严重，撒哈拉以南非洲城乡之间差异最明显，首都地区的财富集中是另一个特征。例如，在乍得，首都恩贾梅纳的贫困率为48%，而位于该国东部地区的瓦迪菲拉（Wadi Fira）是99%。同样，在马里南部首都巴马科的贫困率是30%，但北部廷巴克图的贫困率比巴马科高三倍（牛津贫困与人类发展中心，2018）。

这种空间失衡可能是由于历史结构转型过程造成的，其过程中经济活动的专业化和集聚实现经济增长最大化，从而导致了两极分化（世界银行，2009）。然而，在撒哈拉以南非洲地区，增长受到严重限制，空间不平等不断

---

① 法国农业国际合作研究发展中心，UMR ART-DEV，蒙彼利埃F-34398，法国；蒙彼利埃大学，蒙彼利埃F-34090，法国。
② 法国农业国际合作研究发展中心，UMR ART-DEV，开普敦7535，南非；开普大学，开普敦7535，南非；蒙彼利埃大学，蒙彼利埃F-34090，法国。
③ 多维贫困是对收入贫困的补充，因为它以10项指标记录了每个人遭受的联同剥夺，这些指标围绕健康（营养状况、儿童死亡率），教育（就学年限、儿童入学率）和生活水平（烹饪燃料、卫生、饮用水、电力、住房、财产）（OPHI，2018）。
④ 非常贫困的人至少在健康、教育和生活水平中丧失了至少半数加权指标。

累积，增加内乱的发生概率（Ezcurra，2018）。当国家和地区的安全、稳定与繁荣面临威胁，而不稳定的局势蔓延到更加繁荣的中心城市时，萨赫勒地区就需要在空间上盲目的经济增长与更广泛的空间正义之间进行更明确的权衡（非洲开发银行，经济合作与发展组织和联合国开发计划署，2015；Barca，McCann和Rodriguez Pose，2012）。

成 因 的 积 累

空间发展不平衡是发达国家和发展中国家的共同特征，在撒哈拉以南非洲尤其明显，在那里多年来自然资源开发一直是空间发展的主要动力。殖民时期，这片土地上投资建设了一系列基础设施项目，旨在赚取租金。自然禀赋是决定投资的主要因素：建立基础设施用于向沿海运输出口货物，建立城市帮助殖民控制，沿海港口成为首都。这种发展格局加剧了由于自然资本禀赋、地理和气候而引起的地区之间的空间差异。区域政策针对的是高潜力地区，而大量农村地区不在重要的公共干预和投资范围之内。这种模式留下了实质的影响（Losch，2016），国家政策和权力下放都无法平衡。

城镇化的独特步伐，加上缺乏工业化，加剧了对过去区域组织的依赖（非洲开发银行，经济合作与发展组织和联合国开发计划署，2015）。城市发展一直是许多政策的明确重点，主要针对国家层面，有时针对地区的首府，而忽略了中间城市和小城镇，从而加剧了固有的空间不平等。大城市有更好的经济机会、基础设施和服务，导致了农村人口直接向主要城市中心外流。但是，城市发展迅速超出了地方和国家的管理能力。由于缺乏资源和技术能力，在很大程度上城市发展仍处于计划外。在缺乏土地政策和法规的情况下，城市向外扩张而不是向上建设，通常是在农业用地上扩张，对自然资源造成了压力。非正式居住区正在扩大，导致基本服务供应方面积压的工作不断增加，特别是诸如水、卫生、运输和电力等网络服务以及教育、医疗和粮食的基础设施方面的工作。

最终，气候变化、土地退化和短缺、自然资源枯竭和生物多样性丧失令情况恶化，成为推动许多社区行动的因素，助长了人们向受影响较轻的农村地区和大城市的迁移，限制了地区的增长潜力，从而增加了失业、非体面工作和极端工作贫困的风险（参见4.1）。

缺乏地区性发展方法

在撒哈拉以南非洲，由于粮食体系与自然资源的直接联系，它越来越多的被视为实现经济多样化、促进经济增长和创造就业机会、实现更可持续发展的机遇。粮食体系因国内和区域粮食需求的激增以及在经济和社会结构中的核心地位享有优势。从仍然具有巨大生产潜力的农村地区到代表糟糕但庞大的国内市场的城市地区，粮食体系都可以成为空间、经济和社会再平衡的杠杆，确切地说是通过发展当地农业产业。农业产业反映了粮食体系所有参与者未开发的潜力，并可能对其他经济和社会产生影响（Arnold 等，2019）。

实现这个目标需要加强城乡联系，确保城市和农村粮食体系参与者都从与粮食有关的资源中受益（插文11）。中间城市和城镇对弥合城乡粮食体系发展的鸿沟至关重要（Blay-Palmer 等，2018）。以前农村地区的密集化（自下而上的城镇化）而形成的中间城市和城镇，高度嵌入农村经济和社会，它们可以通过将农民与城市需求和投入市场联系起来，刺激运输服务和农业加工等非农业领域发展，从而提高收入和就业机会。

但是，忽视空间的政策对中间城市产生了巨大影响。大多数中间城市缺乏首府城市的特征，阻碍了城市的发展和城市网络的再平衡：基础设施发展薄弱、服务提供受到限制，国家的作用（权力下放）也是如此。

尽管许多撒哈拉以南非洲国家的政府都认可权力下放是首要任务，但在实践中仍然没有效果：当存在权利转移时，缺乏人力和财力的相应转移，也缺乏赋予城市财政自主权来满足公民的需求（Satterthwaite，2017）。这种权力下放常被视作对薄弱中央政府的威胁，而中央政府必须维持其（目前有限的）权利来平衡地区之间的发展。结果，尽管中间城市可能成为连接大城市和落后农村地区的重要经济、政治和社会枢纽，但它们却难以吸引或留住工业企业，导致许多公司在成长阶段选择重新迁回首都。

区域性战略将解决现有功能性领土的特殊性，即人们从事大部分经济和社会活动的行政区域与地理区域存在差异，而缺乏区域性发展方式阻碍了差异化战略的形成。这种缺乏地域性的考量危害了粮食体系满足撒哈拉以南非洲不断增长的粮食需求的能力，增加了粮食危机的风险，错过了经济发展的重要机会。

插文11　过渡型城市与小镇对埃塞俄比亚农业发展的贡献[1]

埃塞俄比亚的城镇化模式与其他撒哈拉以南非洲国家类似，城镇人口在各种规模的城市里蔓延。首都亚的斯贝巴居住着全国四分之一的城镇人口。过渡型城市崛起，在过去十年间发生了巨大变化。城镇化模式对农产品价格和内陆农民的劳作会产生什么影响？人们对此知之甚少。

从生产和消费角度来说，画眉草是埃塞俄比亚非常重要的谷物。其产量的三分之一均被售出，大多数生产者都将其视为经济作物。在国内，埃塞俄比亚画眉草的消费群体大多为城市富裕家庭。城镇发展以及随之而来的收入上涨使人们对于画眉草的需求增加，给当地农民带来很大影响，其价格几乎不受国际贸易和市场的影响。这条价值链封闭的经济属性对于研究城镇化对农业生产和农村发展意义重大。

通过分析对埃塞俄比亚画眉草生产者大规模调查的数据以及交通成本和道路网数据可以看出，如本书提出的概念框架所述，农民与城市的距离以及城市的类型对于农民收入和行为具有很大影响。农场距离主教城市越远或者运输成本越高，产品价格、现代化资源的投入和产量就会越低，这不足为奇。然而，过渡型城市通过反映城市居民的需求，给农村带来变化，使因远离主教城市而无法进入市场的内陆农民通过生产和向过渡型城市市场出售产品而获利，也让他们对价格信号反应更加敏捷。同时，过渡型城市会使农民更容易获得现代化资源，加大生产力度。然而，与主教城市附近的农民相比，中等城镇周边的农民获益较少。因此，农产品价格、农民行为和集约化程度似乎是由与城市的距离和城市类型决定的，运输成本和基础设施质量尤为重要。

1.参考Vandercasteelen等，2018。

【参考文献】

AfDB, OECD & UNDP. 2015. African economic outlook: regional development and spatial inclusion. Paris, OECD, Development Center.

Alvaredo, F., Chancel, L., Piketty, T., Saez, E. & Zucman, G. 2018. World inequality report 2018. World Inequality Lab.

Arnold, T., Blokland, K., Engel, A., Ifejika Speranza, C., Losch, B., Michel, B., Rampa, F., Wieck, C., Zvarimwa, M. 2019. An Africa-Europe Agenda for Rural Transformation. Report by the Task Force Rural Africa, European Commission, 71 pp.

Barca, F., McCann, P. & Rodríguez-Pose, A. 2012. The case for regional development intervention: Place-based versus place–neutral approaches. Journal of Regional Science, 52(1): 134–152.

Blay-Palmer, A., Santini, G., Dubbeling, M., Renting, H., Taguchi, M. & Giordano, T. 2018. Validating the city region food system approach: enacting inclusive, transformational city region food systems. Sustainability, 10(5): 1680.

Cistulli, V., Rodríguez-Pose, A., Escobar, G., Marta, S. & Schejtman, A. 2014. Addressing food security and nutrition by means of a territorial approach. Food Security, 6: 879–894.

Ezcurra, R. 2018. Interregional inequality and civil conflict: are spatial disparities a threat to stability and peace? Defence and Peace Economics, 1–24.

Losch, B. 2016. The need for a paradigm shift towards territorial development in sub-Saharan Africa. Paper presented at the conference "Territorial Inequality and Development", 25–27

January, Puebla, Mexico, Rimisp-Latin American Center for Rural Development.

Nabassaga, **T**. & **Shimeles**, **A**. 2017. Why is inequality high in Africa? Journal of African Economies, 27: 108–126.

Oxford Poverty and Human Development Initiative (OPHI). 2018. Global multidimensional poverty index 2018: the most detailed picture to date of the world's poorest people. Oxford, OPHI.

Pesche, **D**., **Losch**, **B**. & **Imbernon**, **J**. 2016. A new emerging rural world – An overview of rural change in Africa. Second, revised and supplemented edition. Montpellier, France, NEPAD and CIRAD.

Proctor, **F.J**., **Berdegué**, **J.A**. & **Cliche**, **G**. 2016. Territorial inequality and development. Paper presented at the conference "Territorial Inequality and Development", 25–27 January, Puebla, Mexico, Rimisp-Latin American Center for Rural Development.

OECD. 2016. A new rural development paradigm for the 21st century: a toolkit for developing countries. Paris, OECD.

OECD, **FAO** & **UNCDF**. 2016. Adopting a territorial approach to food security and nutrition policy. Paris, OECD Publishing.

Satterthwaite, **D**. 2017. The impact of urban development on risk in sub-Saharan Africa's cities with a focus on small and intermediate urban centres. International Journal of Disaster Risk Reduction, 26: 16–23.

TP4D. 2018. Fostering territorial perspective for development: towards a wider alliance. AFD, BMZ, CIRAD, EU Commission, FAO, GIZ, NEPAD, OECD Development Center, UNCDF.

Vandercasteelen, **J**., **Beyene**, **S.T**., **Minten**, **B**., & **Swinnen**, **J**. 2018. Big cities, small towns, and poor farmers: evidence from Ethiopia. World Development, 106:393-406.

World Bank. 2009. World development report 2009: reshaping economic geography. Washington, DC.

4.4 排斥妇女和弱势少数群体

Ninon Sirdey 和 Sandrine Dury[1]

概要

妇女和土著居民等各类弱势少数群体是粮食体系的主要利益攸关方。他们在决策机构中存在感低，各种政策和干预措施也未能给予他们应有的关注。在制定和实施公共及个人政策、发展和经济规划时将这些人排除在外，是粮食体系和社会表现欠佳、矛盾不断的根源之一。

女性对粮食体系的贡献十分关键但总被低估，在获得资源、服务和有偿工作机会方面面临着不公

女性在城乡粮食体系中扮演着关键的经济角色。她们不仅为家人下厨，也从事粮食贸易和加工工作。由于她们涉足农业，她们在自然资源管理上也起着一定作用。据粮农组织（2011）统计，发展中国家的女性占农业劳动力的43%，在西非国家的食品加工和营销领域，女性劳动力占到了70%（图19）。

然而与男性相比，妇女获得的生产资源和机会较少。不仅在土地合法权利和牲畜所有权等许多资产以及无机投入和畜力牵引等农业资源上存在性别差距，在咨询、推广和金融服务方面也不例外。男性和女性农民获取的资源和服务不同，抓住新兴就业和创业机会的能力也不同，这就导致他们获得赚钱的机会有难有易（粮农组织，2011）。此外，发展方案很难缩小性别差距。约翰逊等人（2016）回顾了非洲和南亚七国的8个农业发展项目对个人和家庭资产的影响，发现所有项目都旨在增加家庭资产和其他收益，但只有一个项目有助于减少资产上的性别差距。

越来越多的妇女受雇于工业农场或高价值商品的加工公司。妇女从事报酬十分有限的工作时，还要面临较差的工作条件，例如较低的工资和越来越普遍的临时季节性工作（粮农组织，2011）。

还有的妇女成为了粮食体系中的个体经营者，从事从运输到加工和餐饮的一系列活动。妇女往往在本地市场、零售和非正式跨境贸易中占主导地位（粮农组织和非洲联盟，2018）。在低收入和中低收入国家，非正规路边摊和饭店的增加伴随着城市化发展。这为妇女提供了重要的就业和收入来源，也为城

---

[1] 法国农业国际合作研究发展中心，UMR MOISA，蒙彼利埃F-34398，法国；蒙彼利埃大学，蒙彼利埃F-34090，法国。

市贫民提供了廉价食品。但是，她们需要忍受摊位经常变动以及基础设施和生产资料匮乏。她们的工作是劳动密集型的，特点是利润率低。

尽管妇女做出了巨大贡献，但她们在粮食体系治理和政策制定中的代表性仍旧不足。普遍的社会文化规范限制了她们在家庭以及农村组织和机构中行使权力和自主决策的能力，因此无法代表她们作为农民和企业家的需求和利益。例如，一项研究发现，在21世纪初，在18个拉丁美洲民主国家的76位农业和林业部长中，只有两位是女性（Escobar-Lemmon 和 Taylor-Robinson，2005）。对15个撒哈拉以南非洲国家约125个农业研究和高等教育机构的研究发现，妇女平均占专业职位总数的24%，占管理职位的14%，各国之间存在差异（粮农组织，2011）。因此，粮食体系的政策和干预措施往往忽视性别问题。38个非洲国家的农业投资计划中有一半以上没有涉及性别层面（粮农组织和非洲联盟，2018）。

在粮食体系受到多重严重、紧迫的威胁之际，这种性别失衡现象使人们错失了让妇女特有问题受到关注的良机，也无法在营养、健康（Duflo，2012）、自然资源管理和解决冲突等领域更进一步。研究表明，性别不平等往往导致粮食体系效率低下，而性别平等和经济增长可能会相互促进（世界银行、农发基金和粮农组织，2009）。实际上，不分性别的政策和方案通常无法创造有利条件，使妇女在满足日益增长的农产品需求和可持续利用自然资源方面最大限度地发挥自身作用，也不能促进健康饮食和体面就业。

首先，这种排斥会阻碍有效研发计划的实施。有研究机构在1970年至1990年间设计的改良高粱品种（尾状核类型）产量有所提高，但技术和烹饪特性不佳（Trouche 等，1999），因此西非农民拒绝使用这些品种。这些计划之所以失败，其中一个原因在于没有妇女作为研究人员、农民、厨师和最终用户参与到育种过程中。

其次，农业干预措施或现代价值链可能会增加妇女的无偿工作量，这会给其自身和子女的营养健康带来风险。在西非的棉花产区，所谓的锡卡索悖论提供了一个实例：由于女性工作量过多，棉花玉米产量提高的同时伴随着儿童发育迟缓现象（Dury 和 Bocoum，2012）。在合约农业中也存在同样的情况。在男子掌控合约的地方，妇女通常得不到很好的额外收入，但她们作为家庭劳动力的工作量仍在增加（粮农组织，2011）。正如 Malapit 等人（2015）在尼泊尔所强调的那样（插文12），农业干预与减少农业活动中性别差距的干预措施相结合，很可能使前者在改善营养安全方面更加有效。

第三，即使食品和营养政策考虑到了女性，但通常还是将她们视为青少年、无能的人或者只是躯壳。Kimura（2013）在其有关印度尼西亚应对营养不良的论文中提出了这一论点。她表示，大多数决策者和科学家都将妇女视为罪魁祸首，是其自身和儿童营养问题的根源。她们有不良的习惯，烹饪能力不佳，饮食习惯和母乳喂养方式需要通过教育加以改变。像这样对妇女的忽视明显会造成剥夺她们权力的风险，从长远来看会导致妇女更加落后、沮丧，更受排斥（图19）。

第四，对街头食品商贩的频繁排外行为可能会危及城市食品经济中的食品和营养安全以及社会公平（Loc和Moustier，2016）。这些商贩通常是最贫穷的那部分人，他们会因此失去谋生机会，这可能会加剧不平等。

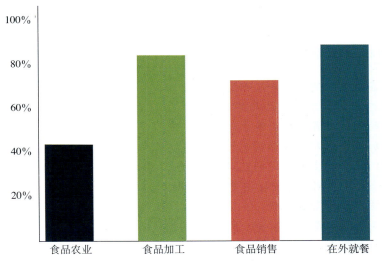

图19　西非食品行业妇女就业占比
资料来源：Allen、Heinrigs和Heo，2018。

排斥弱势少数群体及其后果：以土著居民为例

土著居民等弱势少数群体在公共政策和发展计划制定时也同样被排除在外。土著居民占全球人口的5%，但占贫困人口的15%（粮农组织，2013）。他们与环境和独特的文化有着密切的联系，并且已经总结出特殊的适应性知识来处理自然资源（Reyes Garcia等，2016；Eloy等，2018）。然而，全球农产品市场和工业项目带来了许多威胁（粮农组织，2013）：（1）土著人民流离失所，丧失了传统习俗和谋生手段；（2）土著人民受到环境恶化的困扰，面对气候变化也是首当其冲；（3）对粮食利用的多样性和粮食的文化层面认识不足，全球粮食体系促使人们转而消费更加能源密集和加工度更高的食品；（4）以传统的粮食体系和以游耕、牧养或狩猎为基础的生活方式被忽视。尽管游耕和狩猎既能适应气候，对于土著人民的生活方式也是至关重要的，但大多数农村政策和农业规划仍想要替代这种农业。

忽视土著文化和谋生方式会严重破坏传统的粮食体系，加剧土著社区的营养不良和健康问题，使世界各地的粮食和粮食生产同质化，并有可能加大土著人民现有的社会脆弱性（Levang、Dounias和Sitorus，2005）。性别、农村地位、阶级等社会差异相互叠加，加剧了土著人民的脆弱性。

最后，尽管妇女和弱势少数群体在粮食体系中发挥着关键作用，但在许多领域都存在对他们的剥削。不给予他们发言权和平等获得资源的权利有可能会使他们进一步边缘化，并弱化其对全球粮食和营养安全、减缓气候变化、自然资源可持续管理和预防冲突的贡献。

插文12　妇女赋权减轻了生产多样性缺乏对尼泊尔儿童营养的负面影响[1]

在尼泊尔进行的一项研究表明，为妇女赋权对低收入和中低收入国家实现粮食和营养安全至关重要。尼泊尔有25%的人口生活在贫困线以下，41%的儿童发育迟缓。基于对3332个农村家庭的调查数据，作者研究了通过增加妇女在农业领域的作用和参与度来为她们赋权，让妇女在农业生产决策、收入和生产资源的获取、使用收入和生产资源的决策、社区领导力和妇女时间使用等方面扮演更重要的角色。

首先，研究者表示，在家庭层面，母亲和五岁以下儿童的饮食多样性和儿童营养评分越高，生产多样性也就越高。其次，研究者发现，在生产缺乏多样性的地区和家庭中，妇女赋权（尤其是减轻工作量和对收入更有控制权）可以减轻生产欠多样对儿童饮食和营养评分的负面影响。赋予妇女更多权利也与母亲的饮食多样化有关。

这一发现表明，妇女赋权是改善母亲和儿童饮食和营养状况的关键途径，在生产多样化可能受到生物物理或农业生态条件限制的地区更是如此。

1.参考Malapit等，2015。

【参考文献】

Allen, T., Heinrigs, P. & Heo, I. 2018. Agriculture, food and jobs in West Africa. West African Papers 14. Paris, OECD Publishing.

Duflo, E. 2012. Women empowerment and economic development. Journal of Economic Literature, 50(4): 1051–1079.

Escobar-Lemmon, M. & Taylor-Robinson, M.M. 2005. Women ministers in Latin American government: When, where, and why? American Journal of Political Science, 49(4), 829–844.

Dury, **S**. & **Bocoum**, **I**. 2012. Le paradoxe de Sikasso (Mali) : pourquoi 《produire plus》 ne suffit-il pas pour bien nourrir les enfants des familles d'agriculteurs ? Cahiers Agricultures, 21(5): 324–336.

Eloy, **L**., **Guéneau**, **S**., **Nogueira**, **M.C.R**., **Diniz**, **J.D.A.S**., **Silva**, **A.L.D**. & **Passos**, **C.J.S**. 2018. Alternatives durables pour le biome Cerrado : occupation et usages des territoires par les producteurs agroextractivistes. Problèmes d'Amérique Latine, 4(111): 85–101.

FAO. 2011. The State of Food and Agriculture. Women and agriculture: closing the gender gap for development. Rome. 148 pp.

FAO. 2013. Indigenous peoples' food systems and well-being – Interventions & policies for healthy communities. Rome. 400 pp.

FAO & **African Union**. 2018. Leaving no one behind. Empowering Africa's rural women for Zero Hunger and shared prosperity. FAO, Rome. 28 pp.

Johnson, **N.L**., **Kovarik**, **C**., **Meinzen-Dick**, **R**., **Njuki**, **J**. & **Quisumbing**, **A**. 2016. Gender, assets, and agricultural development: lessons from eight projects. World Development, 83: 295–311.

Kimura, **A.H**. 2013. Hidden hunger. Gender and the politics of smarter foods. Cornell University Press, Ithaca and London, Cornell University Press.

Levang, **P**., **Dounias**, **E**. & **Sitorus**, **S**. 2005. Out of the forest, out of poverty? Forests, Trees and Livelihoods, 15(2): 211–235.

Loc, **N.T.T**. & **Moustier**, **P**. 2016. Toward a restricted tolerance of street vending of food in Hanoi districts: The role of stakeholder dialogue. World Food Policy, 2(2–1), 67–78.

Malapit, **H.J.L**., **Kadiyala**, **S**., **Quisumbing**, **A.R**., **Cunningham**, **K**.& **Tyagi**, **P**. 2015. Women's empowerment mitigates the negative effects of low production diversity on maternal and child nutrition in Nepal. The Journal of Development Studies, 51(8): 1097–1123.

Reyes-García, **V**., **Guèze**, **M**., **Díaz-Reviriego**, **I**., **Duda**, **R**., **Fernández-Llamazares**, **Á**., **Gallois**, **S**., **Napitupulu**, **L**., *et al.* 2016. The adaptive nature of culture. A cross-cultural analysis of the returns of local environmental knowledge in three indigenous societies. Current Anthropology, 57(6): 761–784.

Trouche, **G**., **Fliedel**, **G**., **Chantereau**, **J**. & **Barro**, **C**. 1999. Productivité et qualité des grains de sorgho pour le tô en Afrique de l'Ouest : les nouvelles voies d'amélioration. Agriculture et Développement, 23: 95–107.

World Bank, **IFAD** & **FAO**. 2009. Gender in agriculture sourcebook. Washington, DC, World Bank.

4.5 新技术的未知影响：以数字农业和区块链为例

Sylvaine Lemeilleur，ÉlodieMaître-d'Hôtel，Olivier Lepiller 和 Alexandre Hobeika[①]

概要

数字创新对于从生产、加工到分销的粮食体系转型至关重要。尽管它们能够提升整个价值链的环境和社会可持续性，但也可能对组织产生破坏性影响，并且在技术获取、工作条件（"优步化"）和治理方面存在巨大的不确定性。本节将简要介绍如何应对这些技术在发展中国家推广面临的挑战。我们主要关注数字农业和区块链的案例。

数字农业：前景广阔，但在低收入和中低收入国家难以应用

数字农业利用信息通信技术帮助农民改善农产品生产和销售。当前，大多数农民根据实践经验和公共或私人组织（公司、公共机构和非政府组织）的笼统建议，来做出肥料使用和销售等方面的决定。数字创新可以使用特定信息和传感器、定位系统和数据库、建模软件、通信网络和机器人等工具，为农民提供更准确的信息。信息通信技术可以提升农民的决策能力，并且有可能促进农业生产、降低生产成本，同时还可以通过推广高性价比的投入方式来减少对环境的影响。

尽管数字农业在北美广泛应用并在欧洲推广，但目前低收入和中低收入国家还鲜少使用。但是在撒哈拉以南非洲正在进行一些实验，有望成功。其中在埃塞俄比亚、坦桑尼亚和尼日利亚开展的最先进实验旨在向农民提供特定地点信息，帮助其决定肥料如何使用。自2012年以来，埃塞俄比亚农业部一直在开展一项重要工作，通过解读卫星图像、分析土壤样品来绘制土壤肥力图，并通过免费的移动电话服务向农民发送特定地点信息。在实施的第一年，农民收到了超过700万条短信和电话，当地小麦产量从每公顷1吨增加到每公顷3吨（埃塞俄比亚农业转型署，2019）。在尼日利亚，收到信息的农民提高了肥料使用量和产量。然而，只有收到全面特定信息的农民成效显著，而对于收到一般指南的农民来说则影响甚微（Oyinbo，2018；插文13）。在具备有利条件的地区存在农业分级发展的风险。为避免不平等加剧，信息通信技术的普及应

---

① 法国农业国际合作研究发展中心，UMR MOISA，蒙彼利埃F-34398，法国；蒙彼利埃大学，蒙彼利埃F-34090，法国。

得到该领域公共服务供应商或发展组织的支持，这是有代价的。

在私营部门，各种各样的初创公司正在涌现（Ekewe，2017）。例如，一些倡议正在努力让农民借贷以获得投资，从服务提供商手中获得有关农业生产的准确信息和销售机会，与食品加工商及分销商建立联系。例如塞内加尔的JAMI应用程序，尼日利亚的FARMCROWDY和加纳的ESOKO平台服务。肯尼亚的SunCulture公司正在半干旱地区出售成套太阳能灌溉设备，该设备可抽水，白天将其储存并在夜间灌溉以优化水资源利用（AuSénégal.com，2018）。

数字农业能够帮助发展中国家的贫困农民提高产量，同时优化水资源和投资利用。数字农业还可以帮助妇女获得关键服务来减少其工作量（Treinen和van der Elstraeten，2018）。但是，技术本身并不能保证更加公平，根据其应用情况，技术还有可能扩大现有差距。技术获取的成本很高，长期收益信息并非总能得到。为了保证数字农业能带来利益并被农民广泛应用，主要利益相关方应加强合作并用包容性政策来进行管理，这将解决信息通信技术的特定需求的挑战。需要进一步研究来评估此类创新的长期影响以及扩大规模所需的条件。

区块链与粮食体系：市场排斥的风险和治理的不确定性

区块链被标榜为最伟大的技术革命之一。它引起了各行各业的兴趣，并将很快渗透到全球市场。这项技术的发展并没有将发展中国家拒之门外，还赋予了粮食体系巨大潜力（Ge，2017）。

区块链是去中心化的数字账簿，记录了参与者进行的所有交易。每个用户输入其参与的交易数据，例如与他们交易的商品信息。所有成员都使用密码学和协作验证算法来共享和验证数据。与传统的中心化账簿相比，除了速度更快以及自动验证交易之外，区块链还具有数据安全性高和交易处理去中介化的优点。因此，这项技术能够使贸易更加便利、透明，强化责任性和可追溯性。

区块链可以应用于较长的供应链、土地所有权或信用领域。据称，区块链有助于人们更易获得金融服务并降低交易成本。实际上，供应链中包括生产者、加工者和分销者在内的所有参与者都要输入每一批数据中与他们相关的可追溯数据，诸如产地、产品的详细属性以及处理、收获、加工销售日期等信息。区块链使得智能、自动执行的合同得以生效，从而可以增强买卖双方之间的信任。透明的数据还可以提高食品安全性，因为更容易实施管控和发现欺诈行为，还可以提升对卫生和植物检疫制度遵守情况的监控力度，甚至可以增强快速应对疾病暴发和农产品污染的能力（Tse等，2017）。区块链旨在通过实施更明智的政策来营造更加有利的交易环境。还有人说，它可能会取代自愿性产品认证，减少边境通道的废品率，尤其是对发展中国家的出口货物而言。

然而，将供应链中所有参与者按要求整合到区块链中是颇具挑战的，需要时间，在发展中国家还会涉及许多社会和经济风险。

区块链技术应用的主要障碍是缺乏资源和技能。首先，该技术只能在计算机网络上使用，这就将数十亿无法上网的人拒之门外。这对非洲和亚洲来说尤其成问题，这两个地区的网络覆盖不均，只有25%的人口可以上网，而且网费是世界上最贵的（廉价互联网联盟，2018）。其次，尽管区块链保证参与者能将更好的解析法纳入到业务中，但因为许多业务和交易属于非正规经济，世界上大多数小型企业并未保存清晰的手写会计账簿。然而，区域内移动支付的快速崛起可以促进区块链技术的应用。

迄今为止，合作社或出口商已经对与农产品出口部门与透明度相关的复杂耗时的手续担负起了责任。然而，除非小农以及中小微型企业在一开始就提升能力，否则区块链可能会使某些市场参与者更加边缘化。原因可能类似于那些将多样化的小规模农业排除在标准之外：第三方认证成本高，这是认证程序、官僚化和数据分析以及审计、技能和差旅成本造成的，有利于单一栽培产品和农产品行业的发展，还有一个原因是中心化的系统设计（Lemeilleur和Allaire，2018）。区块链精确的特点或多或少会减弱这些因素的影响。

最后，公共治理层面会出现挑战，特别是在数据访问方面。区块链的数据访问可以是私密的也可以是共享的，这取决于所采用的规则、平台的目的和用户的偏好。在某些"封闭式"区块链中，核心参与者掌控进入系统和访问数据的许可，能够施加过度的市场力量。在这些工具中进行选择时必须兼顾数据的可访问性，让所有用户都可以感受到这些工具的好处，同时还要保护个人数据等机密信息。政府间组织和政府要求制定清晰的数据保护法规，来确定公共和个人参与者之间应如何存储和共享数据（世界银行，2019）。

当今农产品系统大多数的信息通信技术创新都是以访问互联网为基础的。尽管现在世界上超过一半的人口能够上网，但是大多数低收入和中低收入国家仍没有网络覆盖或覆盖范围有限，使其发展受限。在大多数非洲和亚洲国家，有超过半数的人口不能上网。主要是因为网络覆盖不均，设备成本高，并且缺乏必要的知识（廉价互联网联盟，2018）。

插文13　特定地点的土壤肥力管理建议：全面改善状况的同时，也扩大了农民之间的差距[1]

在撒哈拉以南非洲地区，帮助农民提升土壤肥力的通用建议往往能够适用于大片土地。在尼日利亚的玉米带，基于信息通信技术的系统已完成测试，该系统可针对农场或田地等特定地点量身定制建议。为评估农民对这项技术的接受程度，已开展事前和事后调查。事前研究显示，无论经济资源和耕作模式如何，大多数农民都对这一工具颇感兴趣。他们认识到了耕作系统的异质性以及如何利用量身定制的建议。但是，事后调查表明，这项技术的实际应用情况差异很大，关于农业创新应用的传统研究中也有类似的发现。

作者发现可以将农民分为两类。第一类包括创新者和可能使用技术的人，他们更加富裕，对风险不那么敏感，更有可能对农场进行投资，对集约化生产技术不感兴趣。第二类包括收入较低、生产资产较少的农民，他们更易受产量波动的影响，并且偏好资本和劳动密集程度较低的生产技术，他们也不愿在创新技术使用上成为第一个吃螃蟹的人。因此，这项新服务的应用往往会加大农民的经济差距。需要制定政策来进行弥补，例如着重考虑小规模、多元化农民的特殊需求。

---

1. 参考Oyimbo等，2018。

【参考文献】

A4AI. 2018. New data: what's the price of 1GB of mobile broadband across LMICs? [online]. https://a4ai.org/new-mobile-broadband- pricing-data-2018.

ATA. 2019. EthioSIS: Ensemble model machine learning approach digital soil fertility map of soil-test results coupled with different satellite imageries has changed fertilizer advisory service in Ethiopia. In: ATA [online]. https://www.ata.gov.et/programs/highlighted-deliverables/ethiosis/.

Au-Sénégal.com. 2018. L'agritech, l'avenir de l'agriculture africaine ? Au-Sénégal.com, 17 December 2018. [online] www.au-senegal.com/l-agritech-l-avenir-de-l-agriculture-africaine,15558.html.

Ekewe, N. 2017. How digital technology is changing farming in Africa. Harvard Business Review, May 18 2017.

FAO. 2017. Fostering the uptake of labor-saving technologies. How to develop effective strategies to benefit rural women. Rome. 8 pp.

Ge, L., **Brewster**, C., **Spek**, C.J., **Smeenk**, A. & **Top**, J. 2017. Blockchain for agriculture and food. Findings from the pilot study. Report 2017-112. Wageningen, Wageningen Economic Research and TNO.

Kim Dang, A., **Tran**, B.X., **Nguyen**, C.T., **Le**, H.T., **Do**, H.T., **Nguyen**, H.D., **Nguyen**, L.H., *et al.* 2018, Consumer preference and attitude regarding online food products in Hanoi, Vietnam. International Journal of Environmental Research and Public Health, 15(5), 981 [online]. https://doi.org/10.3390/ijerph15050981.

Lemeilleur, S. & **Allaire**, G. 2018. Système participatif de garantie dans les labels du mouvement de l'agriculture biologique. Une réappropriation des communs intellectuels.

Économie rurale, 365: 7–27.

Lin, **C.-F**. & **Liu**, **H.-W**. 2018. Disruptive technologies and sustainable development. Geneva, International Centre for Trade and Sustainable Development.

Oyinbo, **O**., **Chamberlin**, **J**., **Vanlauwe**, **B**., **Vranken**, **L**., **Kamara**, **A**., **Craufurd**, **P**. & **Maertens**, **M**. 2018. Farmers' preferences for site-specific extension services: evidence from a choice experiment in Nigeria. Working Paper 276175. Leuven, Belgium, Centre for Agricultural and Food Economics.

Tripoli, **M**. & **Schmidhuber**, **J**. 2018. Emerging opportunities for the application of blockchain in the agri-food industry. Rome, FAO, and Geneva, ICTSD.

Treinen, **S**. & **van der Elstraeten**, **A**. 2018. Gender and ICTs: mainstreaming gender in the use of information and communication technologies (ICTs) for agriculture and rural development. Rome, FAO.

Tse, **D**., **Zhang**, **B**., **Yang**, **Y**., **Cheng**, **C**. & **Mu**, **H**. 2017. Blockchain application in food supply information security. In Proceedings of the 2017 IEEE IEEM, pp. 1357–1361. Singapore.

World Bank. 2019. Future of food. Harnessing digital technologies to improve food system outcomes. Washington DC.

结论：将粮食体系置于经济社会的核心地位

Thierry Giordano[1] 和 Alexandre Hobeika[2]

　　低收入和中低收入国家的粮食体系中已经存在严重的不平等现象和脆弱性。无论全球社会经济呈现出的趋势是人口的快速增长、食品链升级扩展、领土失衡、妇女和少数群体的作用日益得到认可，还是新技术的出现，都给未来的粮食体系带来了许多不确定性，其中大多数并没有确切答案，造成了诸多不确定因素，很有可能会导致非正式、脆弱和极度贫困的工人大幅增加的局面，年轻人、妇女和少数群体首当其冲。这将成为滋生粮食危机、社会动荡、内乱和移民潮的土壤。因此，粮食体系处于在十字路口：通过采取公共和集体行动重塑这些趋势，使粮食体系逐渐转向包容性发展模式，这是目前迫切需要的。

　　鉴于劳动年龄人口的大量增加，到2030年，撒哈拉以南非洲可能将需要新增7.3亿个就业岗位。必须充分利用粮食体系在创造体面就业机会的潜力：综合施策，将教育、培训和能力建设与粮食体系内部工作机会相结合，将有助于自给自足的小农成为商业小农，帮助未经训练的工人成为有价值的员工，并激发利益相关者的创新能力。

　　提供体面的就业机会将有助于减贫，并减少多维度和空间上的不平等。社会保护具有可以全面补充在粮食体系内部以及整个城乡创造体面工作岗位的好处。大规模的计划外城市发展（在非洲和南亚尤甚）以及对于过渡型城市的投资不足，加剧了历史遗留下来的失衡。空间贫困陷阱破坏了城市贫民窟和内陆农村家庭的粮食安全。为了使粮食体系得以发展并对其他经济部门产生影响，需要对基础设施和基本服务进行空间规划投资，以使过渡型城市及其周边农村地区在经济和社会方面具有吸引力。

　　应当进行协调来平衡大规模农业和家庭农业，工农综合企业和小企业家，全球、国内和地方参与者以及青年、妇女和少数群体在粮食体系扩展方面的作用和责任。应当对劳动和资本密集型的粮食体系进行适当评估。由于获得的金融服务（信贷、保险或储蓄）有限，目前有太多小规模的利益相关者无法抓住价值链的升级所带来的机会。而当他们成为参与者时，由于不能讨价还价，他们的境况到头来也不会改善。新技术在整个价值链的升级过程中至关重要，但

① 法国农业国际合作研究发展中心，UMR DRT-DEV，蒙彼利埃，F-34398，法国；蒙彼利埃大学，蒙彼利埃F-34090，法国。
② 法国农业国际合作研究发展中心，UMR MOISA，蒙彼利埃F-34398，法国；蒙彼利埃大学，蒙彼利埃F-34090，法国。

也存在被排斥的风险：技能发展、知识获取和支付能力是公共政策应当提升的关键要素。尽管妇女、青年和少数群体在粮食体系中发挥着关键作用，但对于他们的排斥更加明显。性别平等和妇女赋权是扩大粮食体系和包容性发展的关键因素。需要着力解决造成性别不平等的结构性因素，确保妇女能够获得和控制资产、农业和金融服务等生产资源，提高其能力和决策力。这将使她们更加积极地参与粮食体系的治理、政策制定和规划，从而使她们能够和男性一样获益。

5. 粮食安全与营养

5.1　有限的粮食供给

Éric Malézieux[①] 和 Marc Corbeels[②]

概要

粮食安全在世界范围内都是个大问题，在低收入和中低收入国家粮食安全问题尤为严重。目前，撒哈拉以南非洲是营养不良人口比例最高、当前产量和潜在产量之间以及谷物消费与生产之间差距最大的次大陆之一。展望未来，人口增长和气候变化可能会使情况恶化，非洲的形势更不容乐观。非洲国家仍面临着人口的快速增长，未来农业能否满足日益增长的粮食需求仍是个未知数。此外，如果没有足够的适应措施，气候变化将给非洲大多数地区的粮食生产带来不利影响。

粮食需求增加

尽管全球粮食产量急剧增加，但世界仍然面临持续的粮食安全挑战。现在许多人认为，我们生产的粮食足以满足当今全球人口的饮食需求，然而，粮食安全是世界面临的主要问题之一，并且在低收入和中低收入国家尤为严重。2017年这些国家仍有8.21亿人营养不良（粮农组织，2018），大部分买不起粮食的人都生活在亚洲和撒哈拉以南非洲地区，2017年营养不良人口分别约为5.15亿和2.56亿。非洲的营养不良人口比例仍然是最高的，有21%的人口食不果腹（粮农组织，2018）。

展望未来，人口增长和气候变化可能会使情况恶化，非洲的形势更不容乐观。最新数据分析证实，直至21世纪末，世界人口都可能会保持增长态势。目前全世界共有77亿人口，根据联合国的中等水平变量预测，2050年世界人口将达到100亿，而按照低水平变量和高水平变量预测则分别为90亿和110亿。到2100年，这一区间将增至96亿至123亿（Gerland等，2014）。该预测掩盖了各大洲之间的重大差异。亚洲人口可能在21世纪中叶达到顶峰，然后开始下降。

之所以预测世界人口会增长，主要原因在于非洲人口预计至少增长3.5倍。在这种情况下，2050年，如何养活全世界的人口？首先，我们必须想到，

---

①　法国农业国际合作研究发展中心，联合研究部门-农业生态功能和园艺种植制度表现，F-34398 蒙彼利埃，法国；蒙彼利埃大学，蒙彼利埃F-34090，法国。

②　法国农业国际合作研究发展中心，联合研究部门-农业生态和一年生作物可持续集约化，内罗毕，肯尼亚；CIMMYT-ICRAF，内罗毕，肯尼亚；蒙彼利埃大学，蒙彼利埃F-34090，法国。

为满足不断增长的人口需要，全球粮食需求必然会增加。Le Mouël 和 Forslund（2017）看到了资料中的多种设想，人为根据人口增长、经济发展和饮食变化的假设，在2010年到2050年间，粮食需求的增幅预计在29%至91%。因此，到2050年，全球粮食需求与2005年或2007年相比预计增长60%（粮农组织，2017），撒哈拉以南非洲的增幅更大。

满足需求将是一大挑战

2050年要养活世界人口颇具挑战性，因为我们必须考虑到，为了满足需求，我们在增加农产品供给上将面临限制和障碍。实际上，除了土地退化和土地供应有限外，水和磷等资源稀缺以及气候变化也将决定未来粮食生产的状况和制约因素。虽然技术在进步，但世界上几个地区的玉米、水稻、小麦和大豆产量停滞甚至下降（Ray等，2012），原因多样且复杂，在某些情况下与社会经济和制度限制有关，无论限制的是非洲的资源供给，还是美国以增收为目的的集约化轮作制度，也可能是一些长期持续的原因，例如在孟加拉国以及印度和欧洲的部分地区达到物质极限，或者由于欧洲的环境问题而限制氮的投入。没有足够的适应措施，气候变化将对许多地区的粮食生产产生负面影响（Lobell等，2009）。此外，预计大多数重大负面影响都将发生在低收入和中低收入国家高度依赖农业的脆弱地区。这意味着气候变化将严重威胁粮食不安全地区的农作物生产力。此外，气候变化预计会对粮食安全产生巨大影响，到2050年将有数百万人面临饥饿的风险。

撒哈拉以南非洲的粮食供应

尽管撒哈拉以南非洲的国内市场非常重要（Bricas，Tchamda 和 Mouton，2016），但它是当前产量和潜在产量之间（插文14）以及谷物消费与生产之间差距最大的次大陆之一，目前的谷物消费已经依赖大量进口。由于气候变化将加剧产量波动，极端天气事件导致产量下降，由于生产力差距和市场不稳定导致的粮食安全风险将持续增大。Van Ittersum等（2016）表示，到2050年要保持当前谷物自给自足的水平（约80%），需要几乎完全消除当前产量和潜在产量之间的差距，这是一个不可能实现的极限目标。因此可以预想到大规模的农田扩张以及随之而来的生物多样性受损、温室气体排放及大量依赖进口。

增加低收入和中低收入国家粮食产量的另一个重要原因是要改善当地的经济，许多贫农和无地劳动者都靠农业为生，他们往往已经营养不良。由农业带来的增长和以农业为基础的解决方案可以有效解决营养不良问题。世界银行表示，农业生产力对于减贫，维持数十亿人口的营养和健康，确保粮食安全以及生产获取医疗保健、水和卫生服务所需的资源来说至关重要（世界银行，2007）。由于许多贫困和营养不良的人都是小农，因此人们通常认为，多样化的生产将改善家庭的饮食多样性。

但是贫困、农业生产与粮食安全之间的相互影响是复杂的。例如，在马里的锡卡索地区发现了一种自相矛盾的情况：农业高产的同时，大量儿童营养不良（Dury 和 Bocoum，2012）。作者假设，该地区儿童营养不良程度高与食品消费多样化程度低有关，也可能因为农业生产力负担过重而使儿童缺乏照料。因此，健康、营养与农业之间的作用是相互的：农业影响健康，而健康对农业产生积极或消极的影响。在没有确定联系的情况下，农场生产的多样性以及市场准入可能对小农家庭的饮食至关重要（粮食安全与营养高级别专家组，2017）。的确，农场规模生产的多样化既可以持续提高生产力和收入，又可以改善贫困小农的食物营养状况。

因此，在营养不足现象普遍的国家中，确保农业生产集约化可持续发展对于提高生产率和适应影响粮食生产的气候事件非常重要。此外，增加贫困人口收入，改善农村基础设施和提升地方制度确保获得安全、便宜、多样的食物，对于改善饮食和减少营养不良至关重要。

寻求新的解决方案

到2050年，世界将面临一大挑战——为预计90亿至110亿人提供足够的粮食，同时要考虑气候变化、水和土地的日益短缺以及消费方式变化所带来的影响。在不破坏自然资源的前提下，世界各地都需要创新制度来提高生产率（粮农组织，2018）。预计撒哈拉以南非洲将是最脆弱的地区，因为那里的营养不良现象是世界上最严重的（粮农组织，2017），国民经济高度依赖农业和粮食进口，大多数农民生活贫困，适应能力有限。当务之急是要找到新途径来保证农村地区农业的和谐发展，这是确保粮食安全的必要条件。至于粮食安全，尽管常规手段和生物技术手段似乎仍然可以提高产量（但对自然资源有很大影响），包括有机农业在内的新农业生态途径会更高效地实现这一目标（Schoonbeek 等，2013；Andriamampianina 等，2018）。

插文14　撒哈拉以南非洲的产量差距

产量差距（Yg）是指农田的潜在产量（灌溉农作物用 Yp 表示）或限水条件下产量（旱作作物用 Yw 表示）与实际产量（Ya）之差。计算 Yg 所依据的 Yp 或 Yw 可以用作物生长模型来模拟，需要输入品种成熟度、播种日期和播种密度等最优农艺管理信息。

全球产量差距分析（Licker 等，2010）表明，对于包括玉米和水稻在内的许多农作物来说，撒哈拉以南非洲的产量差距最大。例如，2003 年至 2012 年，旱作玉米的实际产量为 1.2 至 2.2 吨/公顷，相当于限水条件下潜在产量的 15% 至 27%（van Ittersum 等，2016）。对于所有的旱作作物来说，最大的差距出现在降水较多、条件较好的地区，例如埃塞俄比亚的稀树草原和凉爽高地以及赞比亚北部平原。要在 2050 年之前将玉米产量从 2010 年约占潜在产量的 20% 增至 50%，需要将过去几十年的年增量翻倍。虽然可以通过品种改良、优良的农艺、增加施肥和现代病虫害管理来加速增产，但人们普遍认为这需要更大的研发投入来解除阻碍撒哈拉以南非洲小农增产的社会经济限制，例如获取资本、基础设施和进入市场等。

【参考文献】

Andriamampianina, L., **Temple**, L., **De Bon**, H., **Malézieux**, E.& **Makowski**, D. 2018. Évaluation pluri-critères de l'agriculture biologique en Afrique subsaharienne par élicitation probabiliste des connaissances d'experts. Cahiers Agricultures, 27(4) : 45002.

Bricas, N., **Tchamda**, C. & **Mouton**, F., eds. 2016. L'Afrique à la conquête de son marché alimentaire intérieur. Enseignements de dix ans d'enquêtes auprès des ménages d'Afrique de l'Ouest, au Cameroun et du Tchad. Études de l'AFD No. 12, Paris, AFD.

Dury, S. & **Bocoum**, I. 2012. Le《paradoxe》de Sikasso (Mali) : pourquoi《produire plus》ne suffit-il pas pour bien nourrir les enfants des familles d'agriculteurs ? Cahiers Agricultures, 21(5): 324–336.

FAO. 2017. Regional overview of food security and nutrition in Africa 2017. The food security and nutrition-conflict newus: building resilience for food security, nutrition and peace. Accra. 96 pp.

Licker, R., **Johnston**, M., **Foley**, J.A., **Barford**, C., **Kucharik**, C.J., **Monfreda**, C., **Ramankutty**, N. 2010. Mind the gap: how do climate and agricultural manage-ment explain the《yield gap》of croplands around the world? Global Ecology and Biogeography, 19: 769–782.

FAO. 2018. The State of Food Insecurity and Nutrition in the World. Rome. 184 pp.

FAO. 2018. The future of food and agriculture. Alternative pathways to 2050. Rome. 204 pp.

Gerland, P., **Raftery**, A.E., **Ševčíková**, H., **Li**, N., **Gu**, D., **Spoorenberg**, T., **Alkema**, L., *et al.* 2014. World population stabilization unlikely this century. Science, 346(6206): 234–237.

HLPE. 2017. Nutrition and food systems. Report 12 by the High Level Panel of Expert on Food Security and Nutrition of the Committee on World Food Security. Rome.

Knox, J., **Hess**, T., **Daccache**, A. & **Wheeler**, T. 2012. Climate change impacts on crop productivity in Africa and South Asia. Environmental Research Letters, 7: 034032.

Le Mouël, C. & **Forslund**, A. 2017. How can we feed the world in 2050? A review of the responses from global scenario studies. European Review of Agricultural Economics,

44(4): 541–591.

Licker, R., Johnston, M., Foley, J.A., Barford, C., Kucharik, C.J., Monfreda, C. & Ramankutty, N. 2010. Mind the gap: how do climate and agricultural management explain the 'yield gap' of croplands around the world? Global Ecology and Biogeography, 19: 769–782.

Lobell, D.B., Burkel, M.B., Tebaldi, C., Mastrandrea, M.D., Falcon, W.P. & Naylor, R.L. 2009. Prioritizing climate change adaptation needs for food security in 2030. Science, 319(5863): 607–610.

Porter, J.R., Xie, L., Challinor, A.J., Cochrane, K., Howden, S.M., Iqbal, M.M., Lobell, D.B. & Travasso M.I. 2014. Food security and food production systems. In Climate Change 2014: impacts, adaptation and vulnerability, pp. 485-533. Part A: Global and Sectoral Aspects. Contribution of Working Group II to the Fifth Assessment Report of the Intergovernmental Panel on Climate Change. Cambridge, UK and New York, NY, Cambridge University Press.

Ray, D.K., Ramankutty, N., Mueller, N.D., West, P.C. & Foley, J.A. 2012. Recent patterns of crop yield growth and stagnation. Nature Communications, 3: 1293.

Schoonbeek, S., Azadi, H., Mahmoudi, H., Derudder, B., De Maeyer, P. & Witlox, F. 2013. Organic agriculture and undernourishment in developing countries: main potentials and challenges. Critical Reviews in Food Science and Nutrition, 53(9): 917–928.

Smith, L.C., El Obei, A.E. & Jensen, H.H. 2000. The geography and causes of food insecurity in developing countries. Agricultural Economics, 22: 199–215.

van Ittersum, M.K., van Bussel, L.G.J., Wolf, J., Grassini, P., van Wart, J., Guilpart, N., Claessens, L., et al. 2016. Can sub–Saharan Africa feed itself? Proceedings of the National Academy of Sciences, 113(52): 14964–14969.

World Bank. 2007. From agriculture to nutrition: pathways, synergies and outcomes. Washington, DC.

5.2　国际市场粮价上涨的风险

Thierry Brunelle 和 Patrice Dumas[①]

概要

农产品价格自21世纪初持续上涨，这是需求侧原因（人口增长、新兴国家动物产品消费增加和生物燃料指令）和供给侧原因（欧美逐步淘汰补贴粮食供给的农业政策，农业公共投资匮乏，高产国家的谷物产量达到上限，能源价格上涨）合力作用的结果。2008年至2012年间接踵而至的粮食危机使农产品价格机制及其对粮食安全的影响重新成为焦点。尽管农产品均价上涨可以使一些农民受益，但价格上涨的部分原因是成本增加，城市居民以及许多食物得不到保障的粮食生产者都依赖于市场来进行供应。此外，有关保护生物多样性、减缓气候变化和减少农药使用的环境政策可能使这些问题更加严重。

高价会成为"新常态"吗？

在2010年初粮价达到峰值之后，出现了关于农产品价格长期来看将会出现何种"新常态"的争论。持乐观态度的人认为，粮食价格将会长期保持下降趋势（Baldos 和 Hertel，2016）。该论点基于对决定农业供求主要因素的分析：人口、人均收入、饮食、气候变化、农业生产力和生物燃料生产等。在 Baldos 和 Hertel（2016）看来，到2050年人口增速放缓，并且集中在人均粮食消费量相对较低的发展中国家，足以抵消全球人均收入增长的影响。此外，农业生产率的增长不一定会放缓，因为世界许多国家仍存在可观的增长空间（Foley 等，2011），气候变化的主要影响在2050年后才感受得到（Rosenzweig 等，2013）。最后，鉴于对生物燃料影响环境的批评和化石燃料的低廉价格，对2000年以来一直在推动农产品价格上涨的生物燃料的需求不会发生显著变化。

但是，有几个可能会削弱这种乐观情绪的风险因素需要考虑。首先，最近联合国对人口预测进行了上调（参见1.3和5.1）。动物产品消费的变化也可能大于基于收入的预测，不确定因素起着重要作用。在目前的人口水平下，如果南亚特别是印度的传统素食人口采用西方的消费方式，那么个人的饮食变化可能会产生巨大的乘数效应。人们还担心生产率未来的增长潜力（参见5.1）。

---

① 法国农业国际合作研究发展中心，联合研究部门-国际环境和发展研究中心，蒙彼利埃 F-34398，法国。

强调农产品价格和能源价格之间的重要联系也同样必要。对农产品价格变化的乐观态度主要是基于能源价格适度增长的假设。如果能源价格上涨，特别是由于化石燃料愈加稀缺而引发上涨，则有产生溢出效应的风险，或是因为能源密集的化肥等投入资源价格（Brunelle等，2015），或是因为对生物燃料的需求。符合《巴黎协定》目标的气候政策也可能导致能源价格上涨，因为为了避免气候变化，一些相对便宜的常规和非常规化石能源将不受影响。

近年来，国际贸易在降低农产品价格方面，尤其是在应对个别生产冲击方面（例如2016年法国受到的冲击）发挥了重要作用。

然而，贸易流量的增加往往使情况两极分化，某些地区尤其是南美州在世界市场上的份额越来越大，而其他地区则越来越依赖进口，例如非洲和中国（Kastner、Erb和Haberl，2014）。地缘政治背景将是决定各国如何合作确保全球粮食平衡的关键因素。如当前中美之间的大豆贸易一样，区域分裂导致贸易摩擦的假说可能会深刻改变农产品的长期价格动态。

严格的气候变化减缓和环境保护措施下的粮食价格

在过去的几十年中，低成本的粮食和丰富的产量已成为人们对粮食体系的主要期待。如果现在将环境问题放在更重要的位置，那么在未来几十年中，国际市场上的粮食价格将有上涨的风险。

最雄心勃勃的气候变化减缓方案主要基于农林和其他土地利用部门（AFOLU），因为与其他部门相比，无论是通过减排还是固碳，上述部门减缓气候变化的潜力都很大，而且减排成本较低（Krey等，2014）。这样的减缓策略可能会对未来的粮食生产产生重大影响，因为研究表明，到2050年，对AFOLU部门征收的碳税可能比气候变化本身给粮食安全带来的影响更大（Hasegawa等，2018）。但必须指出，这些结论所依据的是不利于粮食安全的假设，因为在大多数模型中，碳税收入并未妥善地重新分配给建模框架中受到影响的人们。

在大多数情况下，没有负排放，实现雄心勃勃的减排目标就无从谈起（Rogelj等，2018）。考虑到已知替代品缺乏，陆地上减缓方案是消除二氧化碳，特别是由非农业部门排放的二氧化碳的首选，包括生物质能碳捕获与封存技术（BECCS）、生物炭、造林或重新造林以及土壤中的碳存储。这些技术可能会覆盖广大地区，有助于促成全球粮食平衡的深刻变化。根据政府间气候变化专门委员会关于全球升温1.5℃的特别报告（Rogelj等，2018），要保持平均温升远低于2℃（1.9瓦/平方米），需要到2050年前增加1亿至7亿公顷的能源作物种植面积和10亿公顷林区。这些变化主要将靠减少多达8亿公顷牧场和4.5亿公顷耕地来实现，随即会对粮食生产和农产品价格产生重大影响：2050年粮价增幅将达到50%到100%，2100年为140%至340%。迄今为止，仍然难以评估对农业生产和价格的影响。这基于对畜牧业和种植业部门生产率提高潜力的假设，而是否现实却难以评估。无论如何，考虑到土地利用变化的规模，这种情况将意味着粮食安全和生产过程发生重大变化，集约化的发展轨迹可能给小农农业带来风险或机遇。

契合环保目标的农业生产系统变化将腾出自然土地用于丰富生物多样性（参见第三部分结论），避免单一种植，使土地利用方式多样化，减少杀虫剂的使用，避免养分的流失。

健康饮食的发展趋势可能会给食物供应带来巨大的协同效益。例如，植物蛋白生产比动物蛋白生产所占用的土地要少得多，因此对粮食体系的压力较小（Hallström，Carlsson-Kanyama和Börjesson，2015）。对污染、健康和营养质量的关注可能会使矿物肥料的使用减少，养分循环利用增加，农药使用减少，种植业更加多样化。尽管有机农业需要占用更多土地，但它目前是减少农药使用量的主要体系，已经发达到可以进行定量分析（Muller等，2017），而且比常规系统成本更高（Seufert和Ramankutty，2017）。发达国家对有机农产品需求的大幅增长明显反映了上述关注点，但在发展中国家，粮食质量也日益受到关注（Ndungu，2013）。

由于需要更多的土地进行自然保护或生物能源生产，用于粮食生产的土地减少，同时气候、经济和逐步退出传统农业等各种因素给产量造成了负面影响，农产品价格陷入两难境地，长期来看可能会恢复上升趋势，给各类人群获取粮食都带来难题。

【参考文献】

Baldos, U.L.C. & Hertel, T.W. 2016. Debunking the "new normal": why world food prices are expected to resume their long run downward trend. Global Food Security, 8: 27–38 [online]. https://doi.org/10.1016/j.gfs.2016.03.002.

Brunelle, T., Dumas, P., Souty, F., Dorin, B. & Nadaud, F. 2015. Evaluating the impact of rising fertilizer prices on crop yields. Agricultural Economics, 46: 653–666 [online]. https://doi.org/10.1111/agec.12161.

Foley, J.A., Ramankutty, N., Brauman, K.A., Cassidy, E.S., James S., Gerber, J.S., Johnston, et al. 2011. Solutions for a cultivated planet. Nature, 478: 337–342.

Hallström, E., Carlsson-Kanyama, A. & Börjesson, P. 2015. Environmental impact of dietary change: a systematic review. Journal of Cleaner Production, 91: 1–11.

Hasegawa, T., Fujimori, S., Havlík, P., Valin, H., Bodirsky, B.L., Doelman, J.C., Fellmann, T., et al. 2018. Risk of increased food insecurity under stringent global climate change mitigation policy. Nature Climate Change, 8: 699.

Kastner, **T.**, **Erb**, **K.-H.** & **Haberl**, **H.** 2014. Rapid growth in agricultural trade: effects on global area efficiency and the role of management. Environmental Research Letters, 9: 034015.

Krey V., **Luderer**, **G.**, **Clarke**, **L.** & **Kriegler**, **E.** 2014. Getting from here to there – energy technology transformation pathways in the EMF27 scenarios. Climatic Change, 123: 69–382.

Muller, **A.**, **Schader**, **C.**, **El-Hage Scialabba**, **N.**, **Brüggemann**, **J.**, **Isensee**, **A.**, **Erb**, **K.-H.**, **Smith**, **P.**, *et al.* 2017. Strategies for feeding the world more sustainably with organic agriculture. Nature Communications, 8: 1290.

Ndungu, **S.** 2013. Consumer survey of attitudes and preferences towards organic products in East Africa. Bonn, Germany, IFOAM.

Rogelj, **J.**, **Shindell**, **D.**, **Jiang**, **K.**, **Fifita**, **S.**, **Forster**, **P.**, **Ginzburg**, **V.**, **Handa**, **C.**, *et al.* 2018. Mitigation pathways compatible with 1.5°C in the context of sustainable development. In V. Masson- Delmotte, P. Zhai, H.-O. Pörtner, D. Roberts, J. Skea, P.R. Shukla, A. Pirani et al., eds. Global warming of 1.5°C. An IPCC Special Report on the impacts of global warming of 1.5°C above pre-industrial levels and related global greenhouse gas emission pathways, in the context of strengthening the global response to the threat of climate change, sustainable development, and efforts to eradicate poverty. In Press.

Rosenzweig, **C.**, **Elliott**, **J.**, **Deryng**, **D.**, **Ruane**, **A.C.**, **Müller**, **C.**, **Arneth**, **A.**, **Boote**, **K.J.**, *et al.* 2014. Assessing agricultural risks of climate change in the 21st century in a global gridded crop model intercomparison. Proceedings of the National Academy of Sciences, 111(9): 3268–3273.

Seufert, **V.** & **Ramankutty**, **N.** 2017. Many shades of gray – The context-dependent performance of organic agriculture. Science Advances, 3: e1602638.

5.3 为什么粮价会变得更加不稳定

Franck Galtier[①]

概要

极端的粮食价格波动严重损害了粮食和营养安全。粮价未来可能还会上涨，因为：（1）粮食市场可能会更容易受到冲击；（2）由于气候变化、新兴疾病和可能影响生产和贸易的武装冲突，预计供给冲击将加剧；（3）由于粮食、能源和金融市场之间的联系日益紧密，预计需求冲击将加剧。

在国际和国内市场上，许多粮食的价格都已经很不稳定。由于食品在许多低收入国家，特别是最贫穷的国家中占家庭支出的很大一部分，因此价格急剧上涨会对粮食和营养安全产生非常不利的影响。一些家庭需要减少食品开支或多样性，这可能会导致热量或营养不足，还可能给儿童带来不可逆转的影响（Glewwe，Jacoby和King，2001）。同样，价格暴跌会影响粮食生产和投资：由于面临巨大的市场风险，农民不愿投资，银行或小额信贷机构也不愿给他们发放贷款。下列原因可能会使未来粮食价格波动越来越剧烈。

更易受到冲击的影响

粮食市场已极易受到冲击影响。这是因为没有机制可以保证库存水平足以应对供需方面的巨大冲击。库存通常可以稳定价格，因为存储商通常在低价时买进（减少市场上的可购量并给价格施加上行压力），而在高价时售出（在市场上释放存量并对价格施加下行压力）。该机制适用于私营存储商和管理公共库存的食品储备机构。但是，如果库存水平有时过高（例如在连续丰收之后），那么有时则会过少，导致价格急剧上涨，国际谷物市场就是一个例子（欧洲委员会，2018）。

5.2中分析的趋势可能会增加粮食市场的脆弱性。世界上一些地区，特别是非洲将更加依赖粮食进口，因此更容易受到贸易冲击的影响。在此我们要指出，世贸组织关于出口限制的规定非常无力，许多出口国在2008年危机期间实施了出口禁令，对进口大米和小麦的国家造成了损害。

---

① 法国农业国际合作研究发展中心，UMR MOISA，蒙彼利埃F-34398，法国；蒙彼利埃大学，蒙彼利埃F-34090，法国。

供给冲击加剧

气候变化

尽管对气候变化影响的研究主要聚焦于平均气候变化，政府间气候变化专门委员会（2012）承认，"气候变化改变了极端天气和气候的频率、强度、空间范围、持续时长和发生时间，可能会导致前所未有的极端事件。"自1950年以来，人们观察到了极端事件中的变化。尽管政府间气候变化专门委员会的预测中对此没有明确表示，但未来可能会继续变化。Thornton等人（2014）回顾了目前对于愈加多变的气候和极端事件影响的认识。预计极端温度会使产量降低，"夜间温度为32℃时，水稻产量会比27℃时降低90%"，而"在干旱条件下，30℃以上的气温会使玉米产量降低1.7%"。"在籽粒灌浆期间，极端高温会影响小麦籽粒的蛋白质含量"（Thornton等，2014）。降雨多变或干旱和洪水等季节性特征变化是年际产量变化的主要原因。极端气候事件可能会越来越频繁，使世界上一些地区的粮食生产更加不稳定，从而加剧了国内和国际市场价格的不稳定性。

新兴疾病

新兴传染性疾病是指在过去20年中发病率有所增加，并且在不久的将来发病率可能会上升的疾病（参见2.4）。气候变暖有可能促进这些疾病的发展（粮农组织，2018）。新兴疾病会对植物、动物和人类造成影响。它们可能会影响生产和贸易，从而导致粮食价格趋向不稳定。例如，据估计2014年西非暴发埃博拉病毒造成的劳动力短缺，导致利比里亚大米产量减少11.6%，塞拉利昂大米产量减少8%，几内亚大米产量减少3.7%（粮农组织，2016）。此外，因为贸易商不敢在受影响地区收割大米，担心政府决定关闭市场和边境，国家内部和国家之间的大米贸易被中断了，使得过剩和匮乏地区之间的联系恶化，造成价格上下波动。

冲突

在萨赫勒等世界上的一些地区，武装冲突已经成为了大问题。因气候造成的迁移以及土地和水等资源的使用压力不断增加，未来发生冲突的概率很可能会增大。对现有冲突的分析表明，这些冲突会通过减少生产、扰乱贸易或者导致库存盗窃或毁坏（如马里北部）来影响粮食供应。基于尼日利亚北部的112个市场和2009年7月至2016年11月期间报告的2429起冲突，人们对博科圣地的袭击对农业市场活动的影响进行了研究（Van Den Hoek，2017）。研究发现，虽然发生在市场或市场附近的冲突不到2%，但仍会使市场活动减少（图20）。

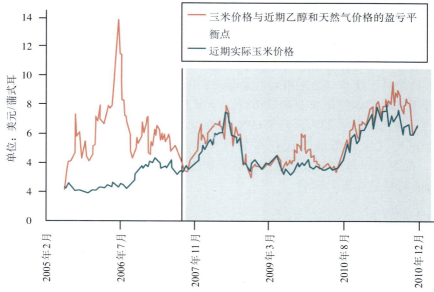

图20　生物燃料生产能力（自2007年以来）使得玉米价格和能源价格之间联系紧密

资料来源：粮食安全与营养高级别专家组，2013。

增长的需求冲击

　　由于粮食市场与能源和金融市场的联系会越来越紧密，粮食价格将越来越受到这些市场所受冲击的影响。

能源和粮食市场之间的联系日益紧密

　　由于方法上存在异议，对于能源价格的不稳定性是否会影响到粮食价格，许多计量经济学研究结果都存在分歧（粮食安全与营养高级别专家组，2013）。然而，更全面、更可靠的方法（基于对给定粮食产品"盈亏平衡点"的估计，例如低于其生产生物燃料有利可图的价格水平）清楚地表明，玉米价格由其盈亏平衡点决定，而盈亏平衡点又取决于乙醇和天然气的价格动态（粮食安全与营养高级别专家组，2013）。因价格高于盈亏平衡点，植物油例外。未来，由于许多新兴国家生物燃料生产持续发展（粮食安全与营养高级别专家组，2013），能源可能会涨价（参见5.2），能源价格作为粮食价格驱动因素的作用可能会增加。不直接用于生产生物燃料的粮食产品的价格也可能变得更加波动，因为当能源价格大幅上涨时，土地和稀缺资源的投入可能会从粮食产品转向能源原料作物。

　　未来几十年内，这一现象可能会影响到能源以外的其他领域。为了解决日益严重的污染问题和正在显现的资源稀缺问题，生物质能燃料的使用量可能会越来越多，从人类起源到十九世纪的工业革命一直都是如此。这是向"太阳能经济"（一种主要基于可再生能源的经济）的回归，很可能将粮食价格和所有非粮食替代品的价格联系起来（插文15）。

金融市场和粮食市场之间的联系日益紧密

粮食市场正逐步与金融市场联系起来，因为在20世纪末放松市场管制后，投机者越来越多地使用农业期货市场。事实上，从1998年到2008年，投机者持有的合同比例已从23%跃升至69%（Masters和White，2008）。虽然2008年粮价暴涨中过度投机的责任存在争议（Masters和White，2008；Sanders等，2008），但是金融和粮食市场之间日益紧密的联系可能会使金融市场的不稳定性对粮食价格造成更大影响。

插文15　萨赫勒地区的谷物价格不稳定：一个极端案例？

在萨赫勒地区，谷物价格非常不稳定，给当地造成了巨大的粮食危机。在萨赫勒地区的国家中，贫困家庭主要消费小米、高粱和当地的玉米品种等粗粮，而粗粮的生产极易受到干旱和蝗灾等自然灾害的影响。在国际市场上买不到这些谷物，而大米和小麦等在售的谷物价格要昂贵得多。所以对于该地区来说，很难用进口来抵消缺额。因此，当收成不好时，粗粮价格就会飙升（2005年上涨150%，2012年上涨80%），引发当地粮食危机和饥荒。

由于以下两个原因，预计未来的粮食价格将会继续波动。第一个与气候变化有关。在过去十年中，"萨赫勒地区的降水天数一直很少，与此同时极端降雨事件却在增加"（Panthou等，2014）。这种更加极端的气候可能会增加粮食生产的不稳定性。此外，降水的季节模式也发生了变化：降水峰值从20世纪70年代之前的8月下旬提前到了8月中旬，增加了小米生产周期末期的缺水风险。对21世纪后期情况的预测"显示炎热干燥的气候遍及整个西非。此外，目前主要为半干旱的萨赫勒地区预计未来将面临持续的中度干旱气候。因此，由于湿润和潮湿地带减退，西非正朝着越来越炎热、干旱和半干旱的方向发展。虽然降水在当地可能是一个重要因素，但主要还是气温造成的。这些变化使得妥善管理和未经管理的生态系统所面临的缺水风险增加"（Sylla等，2016）。这些发展态势可能会产生非常强烈的影响，因为萨赫勒地区的国家通常被视作最易受气候变化影响的国家。例如，2016年，乍得的气候变化脆弱性指数为世界最高，尼日尔位列第三。

粮价不稳定加剧的另一个原因是冲突的频率和规模预计会增加。武装冲突已然是该地区面临的一大问题，圣战或分裂主义运动造成的不安全扰乱了生产、贸易和收入（Van Den Hoek，2017）。未来情况可能会恶化，由于气候造成的迁移，冲突发生的可能性会增加。这种迁移已然发生（尼日尔有50多万人因2012年的洪水而流离失所），而且从人口和距离两方面来看，这一趋势未来可能会上升。另一个令人关心的问题是土地资源和水资源的使用压力越来越大。这是世界性的问题，并且由于未来几十年人口将大幅增长，这一问题在萨赫勒地区可能尤为严重。

【参考文献】

Daviron, **B**. forthcoming. Biomasse : une histoire de richesse et de puissance. Versailles, Quae.

European Commission. 2018. Using food reserves to enhance food and nutrition security in developing countries. Synthesis report. Brussels, Directorate-General for International Cooperation and Development, EC.

FAO. 2016. Impact of the Ebola virus disease outbreak on market chains and trade of agricultural products in West Africa. Dakar. 81 pp.

FAO. 2018. The State of Agricultural Commodity Markets 2018 – Agricultural trade, climate change and food security. Rome. 94 pp.

Glewwe, **P.**, **Jacoby**, **H**. & **King**. **E**. 2001. Early childhood nutrition and academic achievement: a longitudinal analysis. Journal of Public Economics, 81(3): 345–368.

HLPE. 2013. Biofuels and food security. Report by the High Level Panel of Experts on Food Security and Nutrition of the Committee on World Food Security, Rome.

Ilizumi, **T.**, **Luo**, **J.-J.**, **Challinor**, **A.J.**, **Sakurai**, **G.**, **Yokozawa**, **M.**, **Sakuma**, **H.**, **Brown**, **M.E.** & **Yamagata**, **T**. 2014. Impacts of El Niño Southern Oscillation on the global yields of major crops. Nature Communications, 5 [online]. https://doi.org/10.1038/ncomms4712

IPCC. 2012. Managing the risks of extreme events and disasters to advance climate change adaptation. In C.B. Field, V. Barros, T.F. Stocker, D. Qin, D.J. Dokken, M.D. Mastrandrea, et al., eds. A special report of Working Groups I and II of the Intergovernmental Panel on Climate Change Field. Cambridge, New-York, Cambridge University Press.

Knapp, **S**. & **van der Heijden**, **M.G.A**. 2018. A global meta- analysis of yield stability in organic and conservation agriculture. Nature Communications, 9 [online]. https://doi.org/10.1038/ s41467-018-05956-1.

Lesk, **C.**, **Rowhani**, **P**. & **Ramankutty**, **N**. 2016. Influence of extreme weather disasters on global crop production. Nature, 529: 84–87.

Masters, **M.W.** & **White**, **A.K**. 2008. The accidental hunt brothers. How institutional investors are driving up food and energy prices. Special Report. (also available at https://www.loe.org/images/content/080919/Act1.pdf.

Panthou, **G.**, **Vischel**, **T**. & **Lebel**, **T**. 2014. Recent trends in the regime of extreme rainfall in the Central Sahel. International Journal of Climatology, 34: 3998–4006.

Sanders, **D.**, **Irwin**, **S**. & **Merrin**, **R.P**. 2008. The adequacy of speculation in agricultural futures markets: too much of a good thing? Marketing and Outlook Research Report

2008-02. Urbana- Champaign, US, Department of Agricultural and Consumer Economics, University of Illinois.

Sylla, **M.B.**, **Elguindi**, **N.**, **Giorgi**, **F.** & **Wisser**, **D**. 2016. Projected robust shift of climate zones over West Africa in response to anthropogenic climate change for the late 21st century. Climatic Change, 134: 241–253.

Thornton, **P.K.**, **Ericksen**, **P.J.**, **Herrero**, **M**. & **Challinor**, **A.J**. 2014. Climate variability and vulnerability to climate change: a review. Global Change Biology, 20(11): 3313–332.

Zampieri M., **Ceglar**, **A.**, **Dentener F**. & **Toreti**, **A**. 2017. Wheat yield loss attributable to heat waves, drought and water excess at the global, national and subnational scales. Environmental Research Letters, 12: 064008.

Van Den Hoek, **J**. 2017. Agricultural market activity and Boko Haram attacks in northeastern Nigeria. West African Papers 09. Paris, OECD Publishing.

5.4　不健康饮食的营养风险

Sandrine Dury[①] 和 Yves Martin-Prével[②]

目前，世界上三分之一的人至少患有一种类型的营养不良，如果不迅速采取行动，到2025年这一比例可能会变成二分之一。几乎每个国家都存在不同类型的营养不良，严重威胁着人类健康并带来巨大的经济损失：五岁以下儿童的死亡有45%与营养不良有关，而各种类型的营养不良每年给全球造成3.5万亿美元的损失。不合理膳食是营养不良的一个主要原因，让所有人都能获得健康的饮食，每年可以挽救1100万人的生命。

各种类型的营养不良：目前的情况令人担忧

目前，世界上三分之一的人至少患有一种类型的营养不良，如果不迅速采取行动，到2025年这一比例可能变成二分之一（Glopan，2016）。营养不良是一个十分普遍的涉及多方面的问题。自2015年以来，营养不良人数再次增加，现已达到8.2亿人（粮农组织等，2018）。还有1.51亿五岁以下儿童发育不良，这影响了他们身体、智力和健康潜力的充分发挥，浪费给5100万儿童的生命造成了威胁。妇女贫血在全球范围内呈上升趋势（粮农组织等，2018）；2011年，超过5亿育龄妇女患有贫血症（Stevens等，2013）。此外，约有20亿人患有微量营养素缺乏症。同时，大约20亿成年人超重，其中6.7亿人患有肥胖症。世界肥胖流行病病例持续增加，迄今没有任何国家扭转这一趋势（Roberto等，2015）。有3800万5岁以下的儿童超重，因此孩子在很小的时候就开始超重了，这类营养不良导致Ⅱ型糖尿病、高血压、心脏病、中风和一些癌症等非传染性疾病（NCD）增加。

世界上每一个国家都存在至少一种营养不良类型，而大多数国家都面临着多种营养方面的挑战。长期存在的营养不良、日益严重的肥胖和与饮食有关的慢性病并存，是低收入和中低收入国家营养快速转型的后果，导致双重负担，这对设备不足的国家的卫生系统来说十分棘手。一些必需微量营养素的缺乏更是雪上加霜，使许多国家承受着三重负担。在141个三种营养不良（儿童发育迟缓、育龄妇女贫血和妇女超重）数据一致的国家中，88%的国家存在至少两种严重的营养不良现象，29%的国家则面临着三种严重的营养不良问题。

---

① 法国农业国际合作研究发展中心，UMR MOISA，蒙彼利埃F-34398，法国；蒙彼利埃大学，蒙彼利埃F-34090，法国。
② 法国国家发展研究所，联合研究部门-预防营养不良和相关疾病，蒙彼利埃F-34394，法国；蒙彼利埃大学，蒙彼利埃F-34090，法国。

这些国家大多在非洲。数百万儿童承受着多重负担，1600万儿童身体消瘦、发育迟缓，这增加了儿童死亡的风险。800万儿童受到发育迟缓和超重的影响（发展倡议，2018）。

虽然全球在应对营养不良方面取得了一些进展，但是过于缓慢，也没有覆盖所有类型的营养不良，意味着对未来20年的预测不容乐观。超重、肥胖和与饮食相关的慢性病（如糖尿病）的患病率在所有地区都在上升，低收入国家和中低收入国家的增速最快。

例如，对于撒哈拉以南的非洲男性来说，超重和肥胖的增长率现已超过了体重过轻的增长率。对这些指标的预测表明，到2030年情况将变得更糟（NCD-RisC，2016）。2017年，世界上有4.25亿成年糖尿病患者，其中五分之四生活在低收入和中低收入国家。预计到2045年，世界上将有6.3亿成年人患糖尿病（IDF，2017）。肥胖导致糖尿病和高血压等慢性病的增加，世界卫生组织因此呼吁各国到2023年要逐步淘汰人工反式脂肪①。

营养不良的严重后果

营养不良的后果很严重，45%五岁以下儿童的死亡都与之相关（Black等，2013）。除了对生存造成影响之外，儿童营养不良还会影响成长、发育、健康、教育和经济产出。对后代影响持久，阻碍各国的人力资本发展，是晚年超重和慢性病的一个风险因素（Branca等，2019）。

2016年，因慢性病致死的人数为4100万，占所有死亡人数的71%（Branca等，2019）。2017年，约有400万年龄在20岁至79岁的人死于糖尿病。这个年龄段人群的全球死亡人数中，因糖尿病致死的占11%，高于传染病死亡人数的总和。在非洲，77%的糖尿病患者死于60岁之前（国际糖尿病联盟，2017）。

营养不良给非洲各国带来的经济损失占国内生产总值的3%到16%不等。相反，在40个低收入和中低收入国家，减少发育迟缓的投资将产生16倍的收益（Hoddinott，2016）。预计与营养相关的慢性病也会造成严重的经济后果。2014年肥胖症给全球经济带来了约2万亿美元的损失（Dobbs等，2014）。

不合理膳食是造成所有类型营养不良的主因

所有类型的营养不良都有几个成因，包括与食物无关的因素在内，但不合理膳食是共同原因。最新全球研究估计，如果向健康饮食转变，每年将可挽救1100万人的生命（Willett等，2019）。

食品生产在过去一个世纪有了巨大进步和变化。饥饿（热量摄入不足）和

---

① 《纽约时报》，纽约版A20页，标题为："让反式脂肪成为历史"，2014年5月14日。

营养不良不再是供应造成的问题，而是全球或地方层面分配不均的问题。2015
年至2017年，全球平均粮食供应量达到每人每日2904大卡，而1961年则为每人
每日2196大卡。尽管这一数字稳步上升，但仍无法让所有人都能获得食物：今
天仍有8.2亿人缺乏维持生产生活所需的最低热量摄入。患营养不良的大多是生
活在东南亚农村地区的穷人，但营养不良在撒哈拉以南非洲仍然是最普遍的。

在食品生产取得进步的同时，低收入和中低收入国家经历了前所未有的
人口转变，这是南半球营养快速转型的根源（Popkin，2006）。首先，经济发
展、贸易全球化、城市化以及许多食品相对价格的降低都有助于增加食品的数
量和多样性。然而，今天加工食品产量的增加、积极的营销和变化的生活方式
都让饮食方式发生了转变。

随着城市化和经济的发展，对更方便的加工食品、街头小吃和快餐的需
求不断增长。在低收入和中低收入国家，许多人可以获得廉价和无热量的食
物，特别是超加工食品，但买不到也买不起富含营养的食物。许多加工产品的
糖、盐、脂肪和其他添加剂含量高，如果大量食用，可能导致慢性病甚至死
亡。总体而言，1990年至2010年期间，健康和不健康食品的消费都有所增加，
但在大多数地区，后者的增长速度超过了前者（Imamura等，2015）。

除了这一具威胁性的全球趋势之外，各国之间的饮食和趋势也存在很大
差异。例如，在拉丁美洲，含糖饮料的消费量超过每人每日400克，紧随其后
的是北美。东亚则与之相反，摄入量比北美低10倍（约每人每日40克）。从对
健康和环境影响的角度而言，美国和欧洲红肉消费量过高。Ⅱ型糖尿病和冠心
病患病风险的增加与此有关。同时，撒哈拉以南非洲的消费者没有摄入足够的
动物源性食品（Willett等，2019）。

这些截然不同的饮食和营养不良的形式给制定简单和普适的政策造成了
困难，特别是考虑到有些食品系统正在转型的国家最近一直在努力消除饥饿和
营养不良现象。然而，在推进以多部门综合方式转变食品系统方面达成了坚定
的新共识，为的是营造健康的食品环境，包括低价获取健康食品。

【参考文献】

Black, R.E., **Victora**, C.G., **Walker**, S.P., **Bhutta**, Z.A., **Christian**, P., **De Onis**, M., **Ezzati**,
M., *et al.* 2013. Maternal and child undernutrition and overweight in low-income and
middle-income countries. The Lancet, 382(9890): 427–451.

Branca, F., **Lartey**, A., **Oenema**, S., **Aguayo**, V., **Stordalen**, G.A., **Richardson**, R., **Arvelo**,
M & **Afshin**, A. 2019. Transforming the food system to fight non-communicable diseases.
British Medical Journal, 364: l296.

Development Initiatives, 2018. 2018 Global nutrition report: shining a light to spur action on
nutrition. Bristol, UK, Development Initiatives.

Dobbs, R., Sawers, C., Thompson, F., Manyika, J., Woetzel, J., Child, P., McKenna, S. & Spatharou, A. 2014. Overcoming obesity: an initial economic analysis. Discussion paper. McKinsey Global Institute.

FAO & WHO. 2018. The nutrition challenge. Food systems solutions. Rome, FAO. 12 pp.

FAO, IFAD, UNICEF, WFP & WHO. 2018. The State of Food Security and Nutrition in the World 2018: building climate resilience for food security and nutrition. Rome, FAO. 184 pp.

Global Panel on Agriculture and Food Systems for Nutrition (Glopan). 2016. Food systems and diets: facing the challenges of the 21st century. London, UK, Glopan.

Hoddinott, J. 2016. The economics of reducing malnutrition in Sub-Saharan Africa. Global Panel working paper. London, Global Panel on Agriculture and Food Systems for Nutrition.

International Diabetes Federation (IDF). 2017. IDF Diabetes Atlas, 8th edition. Brussels, IDF. (also available at http://diabetesatlas.org/component/attachments/?task=download&id=254).

Imamura, F., Micha, R., Khatibzadeh, S., Fahimi, S., Shi, P., Powles, J., Mozaffarian, D. & Global Burden of Diseases Nutrition and Chronic Diseases Expert Group (NutriCoDE). 2015. Dietary quality among men and women in 187 countries in 1990 and 2010: a systematic assessment. The Lancet Global Health, 3(3): e132–e142.

NCD Risk Factor Collaboration (NCD-RisC). 2016. Trends in adult body-mass index in 200 countries from 1975 to 2014: a pooled analysis of 1698 population-based measurement studies with 19.2 million participants. The Lancet, 387(10026): 1377–1396.

Popkin, B.M. 2006. Global nutrition dynamics: the world is shifting rapidly toward a diet linked with non-communicable diseases. American Journal of Clinical Nutrition, 84(2): 289–298.

Roberto, C.A., Swinburn, B., Hawkes, C., Huang, T.T.K., Costa, S.A., Ashe, M., Zwicker, L., et al. 2015. Patchy progress on obesity prevention: emerging examples, entrenched barriers, and new thinking. The Lancet, 385(9985): 2400–2409.

Stevens, G.A., Finucane, M.M., De-Regil, L.M., Paciorek, C.J., Flaxman, S.R., Branca, F., Peña-Rosas, J.P., et al. 2013. Global, regional, and national trends in haemoglobin concentration and prevalence of total and severe anaemia in children and pregnant and non-pregnant women for 1995-2011: a systematic analysis of population-representative data. The Lancet Global Health, 1(1): e16–e25.

Willett, W., Rockström, J., Loken, B., Springmann, M., Lang, T., Vermeulen, S., Garnett, T., et al. 2019. Food in the Anthropocene: the EAT–Lancet Commission on healthy diets from sustainable food systems. The Lancet, 393(10170): 447–492.

5.5　食品安全风险

Muriel Figuié[①]

概要

全世界每年因食源性疾病死亡的人数约为42万，其中非洲占了三分之一。食品安全问题通常被归咎于传统的食品系统，但低收入和中低收入国家现代食品系统的发展却带来了新的风险。私营标准的制定可以弥补国家安全法规执行能力的不足，但也会促成双重制度，导致不安全产品集中流向人口中最脆弱的群体。不安全的食品不仅会引发重大的公共健康风险，还会造成食品的大量损失和不安全性，形成贸易壁垒。这一问题需要多部门共同解决。

食品安全的沉重负担

食品安全是低收入和中低收入国家面临的一个主要问题。不安全食品可以定义为含有细菌、病毒、寄生虫等有害微生物，或者有害数量或组合的氰化物、黄曲霉毒素、三聚氰胺等物质的食品。不安全食品会诱发腹泻、各种癌症等。这是非洲面临的一个主要问题，在低收入和中低收入国家广泛存在。据世卫组织（2015）统计，非洲每年有9100万人因食用受污染食物而患病，13.7万人死亡，全球范围内因受污染食物患病和死亡的人数分别为6亿和42万。在非洲，这一死亡人数主要与细菌污染有关，受影响人群主要为五岁以下儿童。

目前缺乏相关数据来追踪低收入和中低收入国家食品安全发展的趋势。几十年来，我们已经对其中一些风险有所了解，如黄曲霉毒素污染（撒哈拉以南非洲每年有26000人死于与黄曲霉毒素引发的肝癌），但这仍然是重大挑战（Unnevehr和Grace，2013）。这些风险所造成的负担未来很有可能会加重。首先是因为与食品相关的风险可能会增加。食源性疾病的暴发主要与动物产品、新鲜果蔬的消费有关，作为城市食品转型动力的一部分，这些产品的消费正在增加，同时供应链变得越来越长。此外，食品系统不受控的工业化可能会增加农用化学品、食品添加剂等潜在有毒物质污染的数量和规模。第二，随着对抗微生物剂的耐药性增加，人类可能会越来越易患食源性疾病，预计非洲受到的影响最大（O'Neil，2014）。

---

① 法国农业国际合作研究发展中心，UMR MOISA，蒙彼利埃F-34398，法国；蒙彼利埃大学，蒙彼利埃F-34090，法国。

此外，正如霉菌毒素问题表明的那样，不安全的食品不仅会引发重大的公共健康风险，还会造成巨大的食品损失（因此影响粮食安全），形成农产品贸易壁垒。

食品安全管理需要食品链中所有相关方的参与

虽然这一负担与包括国家层面在内的普遍卫生问题有很大关系，但食品系统其他部门也负有很大责任。Grace（2015）引用了的调查数据，认为在低收入和中低收入国家，大量上市食品不符合常见安全标准。例如，在印度那加兰邦检测的猪肉样本中，只有6%符合标准。同样，在尼日利亚的伊巴丹市，只有2%的肉类样本符合标准，而在印度的阿萨姆邦，没有一个牛奶样本符合标准。然而，这些危害不一定会转化为风险，因为低收入和中低收入国家的消费者经常使用煮牛奶等家用办法来降低微生物风险（Roesel等，2015）。然而，随着加工食品和家庭外消费的发展，消费者缓解风险的能力不再有效（Bricas、Tchamda和Mouton，2016），无法适应他们必须面对的新型"工业"风险（例如肉类中的激素残留）。新风险的管理需要政府的控制、监督和执行。

然而，大多数低收入和中低收入国家政府几乎无法建立和执行安全标准。这种环境助长了食品系统利益攸关方违反食品标准的行为。这些国家对食源性疾病暴发的监测能力也十分有限。例如，世界动物卫生组织对国家兽医体系效能的评估（基于兽医体系效能路径工具）表明，大多数低收入和中低收入国家缺乏执法能力[①]。

许多低收入和中低收入国家缺乏高效的公共食品安全机构，为高收入人群的私人担保发展提供了机会。这类担保依赖于品牌（通常与西方进口产品有关）及超市等经销商。通过出口价值链和高收入消费者，市场激励促成了双重安全标准的形成。虽然这些私人行为可以促进安全供应链的发展，但也可能导致不安全产品集中流向人口中最脆弱的群体，这些人无法进入高附加值的产业链，获得卫生和保健服务的机会也较少。这一发展态势表明，许多低收入和中低收入国家难以承担起国家的主权职能之一：确保人民的安全。

改善食品安全是公共卫生问题，需要广大利益相关方的参与和协作。通常，食品链利益相关者没有受到足够的培训，缺乏组织性，无法参与到改善食品安全所需的集体行动中（采用良好实践指导原则）。消费者协会也过于软弱，无法保护消费者获得安全食品的权利，他们主要聚焦于食品价格上。

在监管机构薄弱的背景下，工业化和食品链的延长带来了新挑战

如上所述，工业化和食品链的延长使中间商成倍增加，并可能导致欺诈

---

① http://www.oie.int/en/solidarity/pvs-pathway/.

和污染的增加。例如，科特迪瓦共和国的Yobouet等人（2015）表示，鲜奶通常会在从农场运往零售商店的过程中受到更多污染。食品系统从生产到分销的工业化带来了"新"风险，如杀虫剂、兽药和食品添加剂的用量增加并且经常无节制地使用会带来化学危害，它们对公众健康的全面影响可能只有经过很长时间才能显现和衡量（Figuié等，2019）。此外，工业食品系统产生大量废弃物和食品包装，造成环境污染，影响公众健康。此外，低收入和中低收入国家在国家层面控制食品安全的能力薄弱，助长了从国际市场进口低质量工业化产品的行为。

由于食品分销的速度和范围不断扩大，食品带来的危害和风险可能引发大规模疫情。例如，2018年南非一家食品厂的加工肉类导致1000多人患病、200多人死亡，还可能在邻国传播[①]。

大规模的食品安全危机还可能导致系统性危机，因为它会引发对整个食品供应链参与方的不信任，更广泛地讲，会对当局产生不信任，从而造成严重的政治和经济后果。

这种不信任的背景是谣言的温床，例如中国向非洲出口"塑料大米"的谣言（粮农组织和世卫组织，2018）。2016年12月，尼日利亚媒体报道称，海关官员扣押了2.5吨"塑料大米"。尽管国家当局的调查没有证实"假冒"或"塑料"大米事件，但此类"爆料"仍经常占据头条。

结　论

在许多低收入和中低收入国家，食品链中的利益攸关方在将食品系统的持续变革与其相关风险进行匹配时面临制约。大多数改善食品安全的项目侧重于支持高质量的价值链，例如针对出口市场或高收入消费者（Alonso，2019）。一些特定的高质量、高价值链的发展可能会使整个市场链的质量发生连锁反应。但是它也可以产生竞争效应，将劣质产品集中分配到最贫穷的人手中；这样做会造成对经济环境和商品的高度依赖（Moustier，Anh和Figuié，2003）。但是，由于健康是公共产品，食品安全不仅仅是质量属性，当务之急是使各国有能力保证最贫穷者购买的低成本食品是安全的。食品安全标准过时、无效或根本不存在，再加上执法缺位，是问题的症结所在。由于价值链需要时间来适应，建立及实行现代食品安全标准循序渐进、把握好分寸，以免直接造成食品安全问题。正如"同一健康"方案所建议的那样，食品安全问题与跨境传染病、抗微生物剂耐药性、环境污染等其他全球健康挑战一样，需要包容和适应性的处理方法，需要多学科与卫生、农业、环境、贸易等各部门通力合作（插文16）。

---

① https://www.foodpoisonjournal.com/?s=africa.

插文16 越南的食品安全和消费者焦虑[1]

20年来，越南农业生产的改善依赖于生产集约化，特别是通过增加化肥、农药等化学投入资源的使用。食品加工业和零售业也实现了工业化，后者的工业化是通过超市的发展达到的。

粮食安全状况已经大大改善，但新的食品安全问题正在显现。越南食品系统的现代化是在当局无力对行业进行适当监管的背景下进行的。检查次数屈指可数，误导信息频出使其可信度较低。由于缺乏官方的监管和信息，媒体成为消费者获取信息的主要渠道。

事实上，当地媒体会定期报道大规模中毒事件，欺诈的例子数不胜数。此外，互联网的普及促进了社交媒体的发展。社交媒体能够给消费者提供信息，但也夸大了危机，助长了谣言的传播。这种情况导致消费者对食品安全越来越焦虑，主要因为食品中的化学残留物，如蔬菜中的农药、肉类中的激素、加工食品中的防腐剂等。

1.根据Figuié et al., 2019。

【参考文献】

Alonso, **S**. 2019. Food safety in Africa. Paper presented at the Launch of Global Food Safety Partnership (GFSP) Report— Food Safety in Africa: Past Endeavors and Future Directions, 11 February 2019, Addis Ababa, Nairobi, Kenya, ILRI. Kenya, ILRI.

Bricas, **N**., **Tchamda**, **C**. & **Mouton**, **F., eds.** 2016. L'Afrique à la conquête de son marché alimentaire intérieur. Enseignements de dix ans d'enquêtes auprès des ménages d'Afrique de l'Ouest, au Cameroun et du Tchad. Études de l'AFD No. 12, Paris, AFD.

FAO & **WHO**. 2018. INFOSAN (International Food Safety Authorities Network) Activity Report 2016/2017. Geneva, WHO and FAO.

Figuié, **M**., **Moustier**, **M**., **Bricas**, **N**. & **Nguyen**, **T.T.L**. 2019. Food anxiety and trust in modern Vietnam. In J. Ehlert & N. Faltmann, eds. Food anxiety in globalising Vietnam, p. 320. Singapore, Palgrave Macmillan.

Grace, **D**. 2015. Food safety in developing countries: an overview.
Hemel Hempstead, UK, Evidence on Demand.

Moustier, **P**., **Anh**, **D.T**. & **Figuié**, **M., eds**. 2003. Food markets and agricultural development in Vietnam. Hanoi, The Gioi Publishers.

O'Neill, **J**. 2014. Antimicrobial resistance: tackling a crisis for the health and wealth of nations. Review on antimicrobial resistance. Wellcome Trust and UK Governement.

Roesel, **K**., **Grace**, **D**., **Makita**, **K**., **Bonfoh**, **B**., **Kangethe**, **E**. & **Kurwijila**, **L**. 2015. Hazards do not always translate into risks. In K. Roesel & D. Grace, eds. Food safety and informal markets, pp. 31–44. New York, Routledge.

Unnevehr, **L.** & **Grace**, **D.**, **eds.** 2013. Aflatoxins: finding solutions for improved food safety. Washington, DC, IFPRI.

World Health Organization (**WHO**). 2015. WHO estimates of the global burden of foodborne diseases: foodborne diseases burden epidemiology reference group 2007-2015. Geneva.

Yobouet, **A.B.**, **Roesel**, **K.**, **Kouamé-Sina**, **S.M.**, **Dadié**, **A.**, **Makita**, **K.**, **Grace**, **D.**, **Meile**, **L.**, *et al.* 2015. When clean milk production cannot be assured, boiling before consumption is non-negotiable. In K. Roesel & D. Grace, eds. Food safety and informal markets, pp. 166–170. New York, Routledge.

结论：粮食消费与生产之间难以捉摸的不稳定联系

Sandrine Dury[①]，Nicolas Bricas[①] 和 Hélène David-Benz[①]

全球和地方的食品和营养安全问题存在明显差异。从全球层面来看，大多数食品产量的增长速度超过了人口增长速度，现在已经超过了营养热量的平均需求。如今，动物产品、糖、脂肪产品和超加工食品的平均消费量过高，导致肥胖症、糖尿病、癌症等几种疾病在全球流行（参见5.4）。与此同时，地方层面尤其是非洲面临着严重的粮食短缺威胁。由于粮食体系快速工业化、动物产品消费增加和监管能力不足，许多新的食品安全问题已经在低收入和中低收入国家显现（参见5.5）。

不存在单一且简单的解决方案。本部分的文章阐明了可能的解决方案的复杂性，尤其是在生产和市场营销方面。

以贸易为主要基础的解决方案是不可取的，因为依赖国际市场定期进口食品或在特定事件期间进口食品所面临的风险将会增大。一方面，日益加剧的气候冲击加上反复无常的国家决策（不要忘记2008年金融危机期间大量的出口禁令），可能会使国际主粮市场更加不稳定（参见5.3）。另一方面，与2008年粮食价格危机之前的水平相比，国际粮食价格极有可能呈现上升趋势（参见5.2）。

粮食供应和粮食价格的不稳定也是由地方造成的，给贫困消费者带来严重影响，因为对他们来说，粮食支出占家庭总支出的很大比重。为了稳定粮食供应和减少价格波动，可以加大对低收入和中低收入国家的实体投资力度，如运输和储存基础设施以及市场监管政策。

在低收入国家，更确切地说在非洲，显然需要缩小产量差距，提高农田生产率。但健康状况、自然资源和气候问题意味着传统的集约化是不合理的。因此农业生态集约化被视作备选方案（参见5.1）。然而，这个问题存在争议，因为人们认为生态农业的生产力不高，还可能会破坏热带森林来进行耕地扩张（参见5.2）。

如果技术能够降低生产对自然灾害（气候冲击、虫害和疾病）、生产滞后以及运输和储存成本的敏感程度，就有助于在风险越来越大的情况下满足日益增长的需求。研究可以促进所需技术的诞生，但也需要大量的投资，这两种情况都需要政策的支持。

然而，调整粮食供应以满足高度多样化且不断变化的需求只是一方面，另一方面是公共政策需要推动饮食的消费向更可持续和健康的方向发展。

---

① 法国农业国际合作研究发展中心，UMR MOISA，蒙彼利埃F-34398，法国；蒙彼利埃大学，蒙彼利埃F-34090，法国。

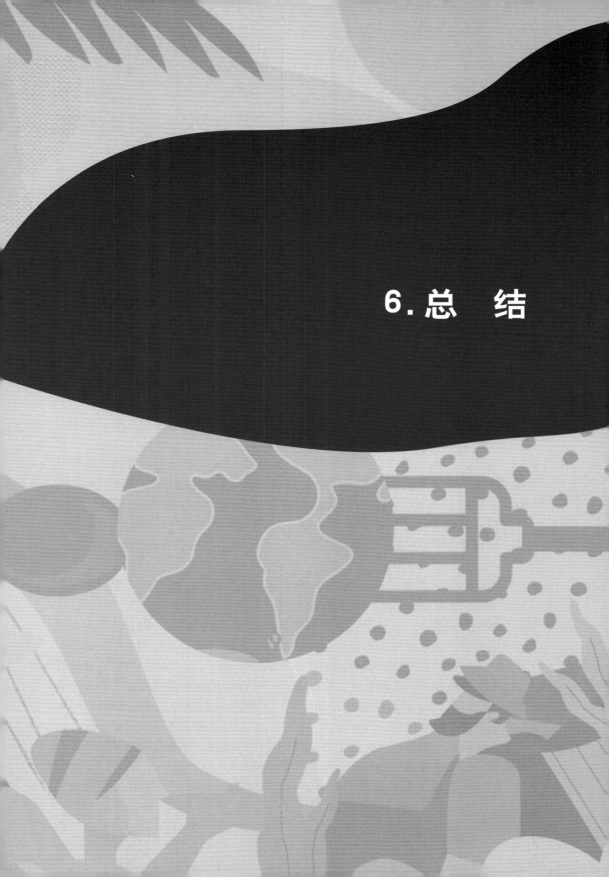

6. 总　结

总结

N. Bricas P. Bendjebbar，E. Hainzelin，S. Dury 和 T. Giordano

粮食体系的作用：从粮食生产到多重目的

直到最近，粮食体系的评估标准一直都是能否确保提供充足的安全粮食，以满足消费者对粮食的需求。起初，农业和粮食政策的主要挑战是养活越来越多的人口。这意味着当务之急是要提高农业产量。生产、加工、贸易和消费模式对环境、健康和社会公平的影响被视作外部因素，是没有纳入效果评估的连带结果。事实上，从过去的一个世纪直到现在，世界各地的粮食产量都有了迅猛增长。粮食供应甚至超过了世界人口的增长。食品更加多样，产品质量提升，高热量食品的不安全性降低，虽然人们依然认为这类食品热量过高。地球现在的产出超过了它的营养需求。以上发现表明，这些持续的趋势将有助于消除自 20 世纪 50 年代开始的"世界饥饿"现象。

当考虑到粮食体系的其他成果以及威胁这些系统的风险时，有三种现象对这一极度乐观的预测构成挑战：

首先，未来的粮食生产将会面临众多威胁，比如资源过度开发或资源枯竭、环境退化、气候变化和许多农村地区仍然存在的贫困问题。这些威胁并不全是粮食体系的外因，有的发展模式会引发或加剧这些威胁。相比之下，其他模式有助于或能够帮助维护生物多样性、捕获碳和更可持续性地管理资源。环境影响不再被当作粮食体系的外部因素，而被视为粮食体系的目的之一。

第二个现象由来已久，最早由 Amartya Sen 所揭示：粮食不安全更多是获取而非供应的问题。因此，粮食安全的挑战不仅是生产足够的粮食，还要让所有人都能获得粮食，这就意味着要消除贫困和不平等。同样，粮食体系可以通过稳定的价格和收入来推动这一目标的实现，库存（储蓄和资本、粮食储备和种子银行）可以发挥重要作用。粮食体系也可以通过创收来做出贡献，在农村人口占主导地位并持续增长的国家，这些系统在帮助人们获取粮食方面发挥着重要作用。为此，粮食体系的发展模式应聚焦于创造就业，不仅要创造附加值，更重要的是要确保附加值在价值链参与者之间更公平地进行重新分配，治理模式必须使最弱势群体能够更好地捍卫自己的利益。正是基于这些经济和社会功能，必须设计和评估粮食体系的干预措施。

第三个现象是营养转型。营养不良远未消除，现在又伴随着过度营养不良和新的安全风险。同样，取决于发展模式是否会促进可持续、多样化和健康饮食，粮食体系可能会使营养、健康、福祉以及一个国家的经济状况恶化，或减弱对这些方面的影响。

因此，除了生产优质粮食的初衷之外，还必须评估粮食体系在创造就业、稳定生计、减少利益相关者之间和领土之间的不平等以及保护和改善环境完整性方面的作用。所面临的挑战不仅仅是减少未来粮食生产的威胁，还要进一步地促进可持续发展目标的实现，其中包括与解决粮食安全问题没有直接联系的目标。从长远来看，这为建设一个可持续的地球做出了更为广义的贡献。就像依照多功能农业概念进行实践一样，赋予粮食体系以多重目的将使人们彻底反思粮食体系，更好地理解其成果之间的相互联系，并通过多种标准而不仅仅是生产能力来进行评估。衡量粮食体系的表现和效率的方式必须要彻底改变。

风 险 组 合

自20世纪60年代以来营养不良现象稳步减少，这一趋势自2015年起似乎停滞不前，甚至出现了逆转。无论从数量上还是占世界人口的比例上看，营养不良的人数都在增加。这一最新变化是纯属偶然还是标志着一个新时代的开始？这是一个很难回答的问题，但本报告中的许多发现令人担忧。它们表明，世界上一些地区现在面临着各种风险的组合，这些风险起因于气候变化、土地退化、生物多样性崩溃、污染、资源枯竭、流行病、不健康饮食导致的非传染性疾病、新的健康风险、冲突和国内不安全等。趋势预测及其对粮食体系的影响表明，在世界某些地区，特别是在低收入和中低收入国家，风险是叠加和倍增的，这些风险组合相对较新。

一些作者强调了干旱、气候变化、流离失所和冲突之间的关系（Raleigh、Choi 和 Kniveton，2015；Burrows 和 Kinney，2016）。其他作者则强调了这些风险的共同原因（Mason 和 Lang，2017）。这种风险的累积将世界带入一个未知的时期，不确定性的程度引发了人们对新粮食危机的担忧。这些风险要求我们跨领域联合应对（气候、人口、污染、资源等），不能孤立地分析和处理风险。相反，我们迫切需要一种系统的方法（图21），可能会探索风险之间的相互作用，特别是协同效应的影响，并考虑到反馈效应、溢出效应、临界点和恶性循环的不可逆性。

一方面，这种方法应通过降低负面驱动因素的节奏或稳定环境力求避免危机。另一方面，这种方法应形成韧性轨迹，使其有可能抵御不可避免的情况，并从中恢复过来。

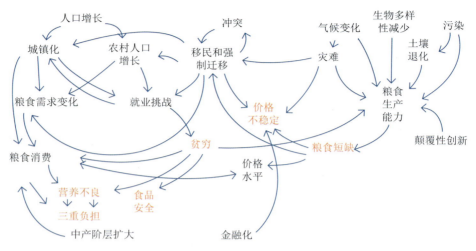

图21 粮食体系驱动因素组合并产生累积风险

应对风险：需要更好地评估韧性因素

虽然这项研究的重点是风险，但还需要进一步研究粮食体系及其所有组成部分和功能中的韧性因素。所有的社会、组织和人类社区都或多或少地具有应对突发事件、适应和变革的能力。他们拥有人力、社会、经济以及知识和技能、股票和资本等多样化的资源，可以调用起来应对冲击。人们可以比较轻易地改变生产方式或消费模式，通过团结制度等方式迁移和分担风险。根据生产、交换和消费的方式，粮食体系本身差不多可以适应不稳定的情况或危机。单单评估每种状况下的风险是不够的，还必须能够评估社会及其粮食体系的韧性因素。然而，更加关注韧性并不意味着放弃使用减缓风险的方法。从最广义的角度讲，韧性还包括社会降低风险的能力。

逐一评估风险和韧性因素

在某些情况下，区域范围的分析可能意义重大。在大国内部，不同地区之间以及城乡之间的风险组合可能存在很大差异。此外，正是在地区层面，才能确定利益攸关方为改变粮食体系而实施的风险管理做法和创新。认识到这些能力，评估表现，确定更广泛实施的障碍，并支持这些能力的发展，需要在管理粮食风险的方式上有所突破。考虑到每个地区的风险因素组合都各有其特点，人们对目的单一的通用解决方案兴趣不大。这种解决方案通常是由少数具有经济或政治既得利益的强大参与者推动的。这些参与者往往将当地参与者边缘化，忽视后者调动资源和自己发明解决方案的能力，常结合其他地区的解决方案，使其适应当地情况。因此，管理粮食体系风险的一种方法是重新考虑治理方式，挑战在于权力平衡的重设，给予粮食不安全的最大受害者，而不是从中牟利的人以更加重要的地位。

低收入和中低收入国家粮食体系可能面临十分严重的风险组合，要求它们转变改革模式。不是用一种模式取代另一种模式，而是与领土上的所有参与者一起，设想建立在新效果标准基础上的多样化改革轨迹，其中纳入了对粮食安全、环境完整性、创造就业和创收以及减少不平等的关注。

建立评估地方粮食体系的综合框架

正如粮食体系面临地区特定的风险组合一样，它们还必须满足当地具体的目标，即粮食安全和营养、创造体面就业机会和减少不平等以及环境完整性。面对高度的不确定性，粮食体系的参与者必须进行预判。首先，这需要关键的政治、经济和社会参与者全力以赴，共同设计评估方法和未来可供选择的方案。也要求制定具有前瞻性、可操作的粮食体系诊断方法，与粮食体系对环境和社会经济成果的长期贡献充分结合。基于这一分析，粮食体系诊断框架必须满足一系列不可或缺的要求：必须是系统性的（而不是以价值链为中心），以适应当地的具体情况和粮食体系面临的风险组合；根据粮食体系的内部特点，适用于不同规模；动态地揭示过去的演变，想象未来的情景及其主要驱动因素；具有可操作性，以确定未来可能彻底改变粮食体系的潜在政策、项目和方案以及关键的利益攸关方。这样的诊断框架尚不存在，但迫切需要。

【参考文献】

Burrows, K. & Kinney, P.L. 2016. Exploring the climate change, migration and conflict nexus. International Journal of Environmental Research and Public Health, 13(4): 443.

Mason, P. & Lang, T. 2017. Sustainable diets: how ecological nutrition can transform consumption and the food system. London, Routledge.

Raleigh, C., Choi, H.J. & Kniveton, D. 2015. The devil is in the details: an investigation of the relationships between conflict, food price and climate across Africa. Global Environmental Change, 32: 187-199.

主要撰稿人名单

ADAMCZEWSKI HERTZOG Amandine. CIRAD, UMR G-EAU, Saint-Louis, Senegal; University of Montpellier, F-34090 Montpellier, France.

ANSEEUW Ward. CIRAD, UMR ART-DEV, I-00142 Roma, Italy. ; International Fund for Agricultural Development (IFAD), I-00142 Roma, Italy ; University of Montpellier, F-34090 Montpellier, France.

ASSOUMA Habibou. CIRAD, UMR SELMET, F-34398 Montpellier, France; University of Montpellier, F-34090 Montpellier, France.

BENDJEBBAR Pauline. CIRAD, UMR MOISA, F-34398 Montpellier, France; University of Montpellier, F-34090 Montpellier, France.

BETBEDER Julie. CIRAD, Forêts et Sociétés, 30501 Turrialba, Costa-Rica; CATIE, 30501 Turrialba, Costa-Rica ; University of Montpellier, F-34090 Montpellier, France.

BINOT Aurélie. CIRAD, UMR ASTRE, F-34398, Montpellier, France; University of Montpellier, F-34090 Montpellier, France.

BLANFORT Vincent. CIRAD, UMR SELMET, F-34398 Montpellier, France ; University of Montpellier, F-34090 Montpellier, France.

BRICAS Nicolas. CIRAD, UMR MOISA, F-34398 Montpellier, France ; University of Montpellier, F-34090 Montpellier, France.

BRUNELLE Thierry. CIRAD, UMR CIRED, F-34398 Montpellier, France.

CHABOUD Géraldine. Montpellier SupAgro & CIRAD, Chaire Unesco Alimentations du Monde, F-34093 Montpellier, France ; University of Montpellier, F-34090 Montpellier, France.

CILAS Christian. CIRAD, UPR Bioagresseurs, F-34398 Montpellier, France ; University of Montpellier, F-34090 Montpellier, France.

CORBEELS Marc. CIRAD, UPR AIDA, Nairobi, Kenya.; CIMMYT-ICRAF, Nairobi, Kenya ; University of Montpellier, F-34090 Montpellier, France.

CORNIAUX Christian. CIRAD, UMR SELMET, Dakar Hann, Senegal.; ISRA, Dakar Hann, Senegal ; University of Montpellier, F-34090 Montpellier, France.

DABBADIE Lionel. CIRAD, UMR ISEM, I-00153 Roma, Italy.; FAO, I-00153 Roma, Italy ; University of Montpellier, F-34090 Montpellier, France.

DAVID-BENZ Hélène. CIRAD, UMR MOISA, F-34398 Montpellier, France ; University of Montpellier, F-34090 Montpellier, France.

DAVIRON Benoit. CIRAD, UMR MOISA, F-34398 Montpellier, France ; University of Montpellier, F-34090 Montpellier, France.

DEMENOIS Julien. CIRAD, UPR AIDA, F-34398 Montpellier, France ; University of Montpellier, F-34090 Montpellier, France.

DUMAS Patrice. CIRAD, UMR CIRED, F-34398 Montpellier, France.

DURY Sandrine. CIRAD, UMR MOISA, F-34398 Montpellier, France ; University of Montpellier, F-34090 Montpellier, France.

DUTEURTRE Guillaume. CIRAD, UMR SELMET, F-34398 Montpellier, France ; University of Montpellier, F-34090 Montpellier, France.

DUTILLY Céline. CIRAD, UMR MOISA, F-34398 Montpellier, France ; University of Montpellier, F-34090 Montpellier, France.

FAROLFI Stefano. CIRAD, UMR G-EAU, F-34398 Montpellier, France ; University of Montpellier, F-34090 Montpellier, France.

FIGUIÉ Muriel. CIRAD, UMR MOISA, F-34398 Montpellier, France ; University of Montpellier, F-34090 Montpellier, France.

FEINTRENIE Laurène. CIRAD, UPR Forêts et Sociétés, 30501 Turrialba, Costa-Rica; CATIE, 30501 Turrialba, Costa-Rica. ; University of Montpellier, F-34090 Montpellier, France.

GALTIER Franck. CIRAD, UMR MOISA, F-34398 Montpellier, France ; University of Montpellier, F-34090 Montpellier, France.

GAZULL Laurent. CIRAD, UPR Forêts et Sociétés, F-34398 Montpellier, France; University of Montpellier, F-34090 Montpellier, France.

GIORDANO Thierry. CIRAD, DGDRS, F-34398 Montpellier, France.

GIRARD Pierre. CIRAD, UMR ART-DEV, F-34398 Montpellier, France ; University of Montpellier, F-34090 Montpellier, France.

HAINZELIN Étienne. CIRAD, DG, Gatineau J9H 4S7, Canada; University of Montpellier, F-34090 Montpellier, France.

HOBEIKA Alexandre. CIRAD, UMR MOISA, F-34398 Montpellier, France; University of Montpellier, F-34090 Montpellier, France.

ICKOWICZ Alexandre. CIRAD, UMR SELMET, F-34398 Montpellier, France ; University of Montpellier, F-34090 Montpellier, France.

JAMIN Jean-Yves. CIRAD, UMR G-EAU, F-34398 Montpellier, France; University of Montpellier, F-34090 Montpellier, France.

LANCON Frédéric. CIRAD, UMR ART-DEV, F-34398 Montpellier, France; University of Montpellier, F-34090 Montpellier, France.

LEMEILLEUR Sylvaine. CIRAD, UMR MOISA, F-34398 Montpellier, France; University of Montpellier, F-34090 Montpellier, France.

LEPILLER Olivier. CIRAD, UMR MOISA, F-34398 Montpellier, France; University of Montpellier, F-34090 Montpellier, France.

LOSCH Bruno. CIRAD, UMR ART-DEV, 7535 Cape Town, South Africa.; University of Wester Cape, 7535 Cape Town, South Africa ; University of Montpellier, F-34090 Montpellier, France.

MALÉZIEUX Eric. CIRAD, UPR HortSys, F-34398 Montpellier, France; University of Montpellier, F-34090 Montpellier, France.

MARTIN-PRÉVEL Yves. IRD, UMR Nutripass, F-34394 Montpellier, France; University of Montpellier, F-34090 Montpellier, France.

MAÎTRE-D'HÔTEL Élodie. CIRAD, UMR MOISA, F-34398 Montpellier, France; University of Montpellier, F-34090 Montpellier, France.

MOUSTIER Paule. CIRAD, UMR MOISA, F-34398 Montpellier, France; University of Montpellier, F-34090 Montpellier, France.

PIKETTY Marie-Gabrielle. CIRAD, UPR GREEN, 62 - Bogotá D.C., Colombia.; Pontificia Universidad Javeriana, 62 - Bogotá

D.C., Colombia ; University of Montpellier, F-34090 Montpellier, France.

POCCARD-CHAPUIS René. CIRAD, UMR SELMET, 66095-903 Belém PA, Brazil.; EMBRAPA Amazonia Oriental, 66095-903

Belém PA, Brazil ; University of Montpellier, F-34090 Montpellier, France.

SIRDEY Ninon. CIRAD, UMR MOISA, F-34398 Montpellier, France; University of Montpellier, F-34090 Montpellier, France.

SOULLIER Guillaume. CIRAD, UMR ART-DEV, F-34398 Montpellier, France ; University of Montpellier, F-34090 Montpellier, France.

SOURISSEAU Jean-Michel. CIRAD, UMR ART-DEV, F-34398 Montpellier, France; University of Montpellier, F-34090 Montpellier, France.

TOURE Ibra. CIRAD, UMR SELMET, F-34398 Montpellier, France; University of Montpellier, F-34090 Montpellier, France.

VALETTE Élodie. CIRAD, UMR ART-DEV, F-34398 Montpellier, France; University of Montpellier, F-34090 Montpellier, France.

WANE Abdrahmane. CIRAD, UMR SELMET, Abidjan 01, Côte d'Ivoire; Université Houphouët-Boigny, Abidjan 01, Côte d'Ivoire ; University of Montpellier, F-34090 Montpellier, France.